왜 망설이는가?

지금 당장 성공을 시작하라!

왜 망설이는가?

지금 당장 성공을 시작하라!

노창희 지음

두드림미디어

프롤
로그

　새로운 일을 시작하려는 사람, 하는 일에서 원하는 성과가
나오지 않고 있는 사람을 위해 이 글을 썼다. 직장, 업종은 사
람마다 모두 다를 것이고, 직업관이라고 해야 할지, 아니면 인
생관이라고 해야 할지 확실하지는 않다. 그러나 현재가 마음
에 들지 않고 새롭게 변화하고 싶은 사람이라면 누구나 '어떻
게' 해야 할지 고민으로 가득 차 있을 것이다. 나는 '어떻게'라
는 질문에 적합한 답을 찾아 제시하기보다는 '왜'라는 질문을
역으로 하고 싶었다.

　나는 28년 차의 부동산 에이전트다(컨설턴트, 공인중개사 등 다양
하게 불리었다). 부동산 관련 업(業)을 하다 보면, 나의 부동산 거
래 능력은 점점 늘어나지만, 언제나 같은 일은 하나도 없다.
늘 새로운 일을 하게 된다. '새로운 일'은 설렘도 주지만 두려
움도 준다. 아무리 자기 분야에 전문가라도 늘 자신만만하게
할 수 있는 일만 주어지는 것이 아니다. 인간의 한계로 '벽'을

만나기도 한다. 내 주변 지인 중에는 직업 특성상, 부동산 세일즈를 하는 사람들이 압도적으로 많다. 곧잘 영업도 잘하고, 고소득을 내는 영업인들도 슬럼프 같은 것은 피해 갈 수가 없다. '멍~'해지는 시기는 꼭 찾아온다. 마치 늪에 빠진 것처럼 허둥댈수록 더 깊은 수렁으로 빠져들기도 한다. 이런 상황에서 제일 먼저 해야 하는 일은 무엇일까?

내가 어제까지 했던 '행동'을 바꾸는 것이다.

나의 행동 중에서 나를 '나쁨'으로 이끄는 요소들을 찾아내서 나를 변화시켜야 한다. 마음을 먹고 '변화'를 하면 된다. 그런데 머리로는 알면서도 행동으로 실행이 안 되는 경우가 많다. 사실, 이런 케이스가 대부분이다.

변화는 준비하고 변화하는 것이 아니고 변화시킬 것이 무엇인지 인지하는 순간 '천지개벽'하듯이 바로 바뀌어야 한다고 생각한다. 당신보다 당신의 장단점을 모두, 잘 알고 있는 사람은 세상에 없다. 내가 나를 못 바꾸면 누가 나를 바꿀 수 있는가? 혼자 힘으로 힘들면 스승이나 조력자를 찾아서라도 변화시켜라! 다이어트에 성공한 분 중 독하게 혼자 해내는 분들도 있지만, 독한 PT 선생님을 옆에 두는 분들도 있다. 심지어 본인 돈으로 비싼 대가를 지불하고 자신이 고용한 사람에게 들들 볶이는 격이다. 그런데 '변화가 루틴'이 되는 순간,

PT 선생님은 없어도 본인이 그 변화를 자기 것으로 만든다(물론 영원히는 아니다. 정기적으로 자신이 나쁜 방향으로 가고 있는 것들을 교정해야 한다).

큰일! 큰 목표! 일생일대의 숙명 전환 등 거창한 각오를 하고 임한다고 생각하면 현재의 나는 그것을 해낼 수 없을지도 모른다. 좌절할 필요는 없다. 미래의 나는 그것을 성공하게 만들면 된다(이나모리 가즈오 회장님의 표현을 응용해봤다).

우선 자신을 정확히 파악해 장단점을 찾아 단점을 보완하고 그걸 습관으로 만들어 '나의 체질' 자체를 변화시켜 달릴 준비를 한다. 다음은 나의 목표를 달성하기 위한 계획을 세운다. 그것이 공부이든, 직장이든, 사업이든 계획은 무조건 필요하다. 흔히, 진도를 다 나가지도 않았는데 어떻게 시험을 치르겠는가? 나는 이것을 이 책에서 직업적 포트폴리오를 만들어야 한다고 이야기하려고 한다.
말초적으로는 '돈을 어떻게, 어떤 채널들을 통해 벌 것인가?' 이런 목표에서 시작해 자기 성장을 위한 항목까지 직업적인 포트폴리오를 만들어야 한다.

나는 독자들의 성공을 응원한다.

성공이라는 단어를 사용하려면, '수익(돈)'과 '자기 성장'이 균형을 이루어야 한다고 생각한다. 돈을 아무리 많이 벌어도 불법적이라면 무슨 성공이라고 할 수 있겠는가? 하늘, 자신과 자식에게 떳떳하지 못하다고 생각하는 일은 하지 말자!

나는 영업하는 사람이다.

늘 사람을 만나고, 만나서 어떻게 설득해야 하는지를 항상 생각한다. 이 설득이라는 단어를 충족시키려면 일에 대해서는 정말 깊은 공부도 필요하다. 고객 하나하나마다 각기 다른 케이스별로 솔루션을 찾아낼 수 있는 집요함과 연구하는 자세도 필요하다. 나의 꿈을 실현하기 위해서는 내가 만나는 사람(고객이라고 해두자), 고객의 행복과 꿈을 만들어줘야 한다. 고객의 이익과 혜택을 최대화하기 위해서 내가 대신 연구하고 공부한다고 이야기하면 쉽겠다. 그 대신한다는 표현에서 나의 가치도 만들어지고 고객에게 대가를 받게 되는 것이다. 능력이 쌓이면 쌓일수록 나의 가치도 높아지고 내가 영업을 하는 것이 아니라, 나에게 연락을 하는 사람들이 만들어지는 것이다.

누구나 학교를 졸업하면 다양한 모습으로 사회생활을 하게 된다. 직업·직장을 정해서 일하기 시작하면 직업이라는 것이 단순히 돈벌이가 아니라 '나를 만들어가는 과정'의 일환이 된

다. 그 돈을 받는 대가로 한 번 사는 인생에서 가장 중요한 '시
간'을 쓰게 되는데 이왕이면 그 시간이 가치가 있어야 잘 사
는 인생이 되는 것이 아닐까?

나는 이 책을 읽는 사람들에게 마음속에는 큰 꿈을 꾸고,
그 꿈이 자신이 정말 이루고자 하는 인생의 목적에 맞는 일
이라면 열정을 불태우라고 이야기하고 싶다. 내가 하는 일에
서 어디에 내놓아도 결과로 욕먹지 않고 타인에게 행복을 주
는 결과를 만들어주는 사람이 되자는 것이다. 좋은 결과는 나
쁜 과정에서는 나오지 않는다고 믿기에 그 과정상에서 바르
게 일해야 한다고 생각한다. 열정을 다해서 한 분야에서 불태
운다는 것이 평생을 지속하지 못할 수 있다. 그렇다고 하더라
도 처음부터 바른 마음과 열정 자체가 없는 상태로 무언가를
시작한다면 결코 성공하지 못할 것이다.

여한이 없는 인생을 만들어보자는 의미다!

열심히 일하고 퇴근하는 그 어느 날인가에 이런 혼잣말을
한 적이 몇 번 있다. 어두워진 도로 위 막히는 차 안에서 혼자
말을 했었다. "와! 오늘 같은 날은 드문데, 오늘은 어떤 날과
비교해도 더 이상 열심히 일할 수는 없을 것 같다!"라고. 여한
이 없는 하루였다. 거창하게 '멋진 인생!' 이런 것을 생각하지
않아도 좋다. 당신이 오늘 하루를 여한 없이 부끄럼 없이 보

냈다면, 그 하루들이 일주일에 하루가 아니라 며칠이 되게 만들어보고 1개월, 1년이 지나서 쌓이면 결국은 여한 없는 멋지고 성공한 인생의 주인공이 되어 있을 것이다.

"함께 성공의 길을 걸어갑시다!"

노창희

목차

·4장· 더 큰 꿈을 가슴에 품어라

·5장· 남는 장사를 하라

·6장· 바르게 일하라

•7장• 왜 망설이는가?

· 1장 ·

체질을
바꿔라

◆

당신의 성공법은
이미 당신의 머릿속에 있다

인간의 뇌는 '그 뇌의 주인'이 같은 행동을 2개월 이상 지속하면 이렇게 판단한다고 한다. "아! 이 사람 이렇게 살려고 하는구나!"

아무리 피곤해도 새벽에 이 사람을 일어나게 해줘야 한다.
'어? 이 사람, 지금 회사 가야 하는데?'
자동으로 나를 일으켜주는 든든한 비서로 여러분의 뇌를 채용하자!
그것이 체질의 변화가 아닐까?
요즘 세상 표현으로 '루틴(Routine)'이라고 표현해본다.
이런 루틴을 만들기까지는 우리는 자신을 강제로 옭아매야 한다.

옭아맨다는 것은 자유롭지 못하게 구속하는 것이고, 동의어로는 결박하다, 매다, 묶다라는 말이 있다.

그렇다면 우리는 무엇을 위해 우리 자신을 옭아매야 하는가?
책 제목에서 느꼈는지도 모르겠다.
궁극적으로는 망설임을 느끼지 않기 위해서다.

할까, 말까?
일찍 일어날까, 말까?

나와 같이 영업을 하는 사람들이라면 이런 갈등은 더욱 심할 것이다. 하루에도 수없이 마음속에서 요동친다. 그 요동을 멈추고 굳은 마음으로 삶을 이어나갈 수는 없을까? 그 방법을 이 책에서 이야기해보고 싶은 것이다.

궁극적으로 불요불급(不要不急)의 마음이 원래 내 마음인 것인 양 체질을 바꿔야 한다. 불요불급이 무엇인가? 필요하지도 않고, 급하지도 않다는 뜻이다. 그냥 하는 것! 원래 본성이 그런 것처럼, 자동으로 내가 무언가 할 수 있게 만들자.

우리가 무언가 뜻을 세우고 앞으로 나가려고 할 때, 작심삼

일이라는 방해꾼은 여지없이 수일 내에 찾아온다. 이런 사람의 마음을 간파해 헬스클럽 같은 업종에서는 한 달 회원권 5만 원인데, 1년 가입을 하면 36만 원이라는 파격적인 조건을 제시한다.

당연히 1주일에 한두 번만 운동해도 본전을 뽑는다는 마음으로 36개월을 도전적으로 결제하게 되는 것이 사람이다. 과연 며칠이나 갈까? 며칠 만에 그만두느냐가 더 맞는 표현인 것 같다. 그렇게 그만두는 사람들 덕분에 헬스클럽은 이용 가능한 회원 수의 몇 배를 가입시켜도 공간이 늘 여유로운 것이다.

지금 이 책을 보고 있는 독자들도 마음속에 지금 하고 싶은 일들이 몇 가지가 있을 것이다. 일과 연관된 것들도 있을 것이고 개인적인 소망이나 목표도 있을 것이다.

끝까지 해내기 위해서 가장 중요한 것은 일단 시작을 하는 것이지만, 시작할 때 목표한 대로 끝나려면 '체질이 바뀔 정도로 지속을 해야 한다.' 체질이 바뀐 후에는 책 제목과는 다르게 망설임이 없어질 것이다. 어떤 행동이 습관이 되고 체질처럼 되려면 2개월은 지속해줘야 한다고 한다. 2개월간 지속을 위한 '액션 플랜'이 필요할 것이다. 헬스클럽에서 운동을 지속하기 위해서 아주 고가의 개인 PT를 2~3일 간격으로 날짜 수정 불가로 코치와 계약하고 선입금하거나, 원대한(?) 자신의 목표를 온 천하에 알리고 지키지 못하게 되면 창피해서 얼굴을 못 들고 다닐 정도로 만드는 것도 방법이다.

영업이 직업인 내 경우에도 늘 목표를 세우면 세상에 알리라고 이야기하는데 창피해서라도 완수하기 위한 이유다.

이 책 역시, 원고를 3개월간 주말마다 16페이지씩 쓴다고 계산하고 내가 하는 모든 SNS에 그 사실을 알리고 썼다. 이 페이지의 이 줄을 2024년 11월 17일 군자역 커피숍에서 쓰고 있으니 말이다. 나는 믿는다. 목표한 2025년 1월 31일에 이 책의 원고가 완성되어 있으리라는 것을 말이다. 그건 내가 책 쓰는 직업을 하나 추가하려고 나의 영업직 생활 속에 작가의 삶을 체질화하기 위해 박아넣은 '체질 변화'의 과정을 여러 권의 책을 쓰면서 겪었기 때문이다.

체질 변화는 망설임도 줄여주지만, 상당한 자신감을 스스로 선물하게 된다. '두려움'도 없애준다는 것이다. 책을 써야겠다고 생각했던 과거의 망설임이나 '내가 쓴 책을 누가 출판해줄 것인가?' 또는 '팔릴 것인가?' 하는 막연한 두려움 같은 것이 이제는 없다. 글쓰기만 이렇겠는가? 나의 영업에서도, 일상 어디에서도 이런 체질 변화는 도움을 주고 있다.

그렇다면 당신은 지금 무엇을 망설이고 있는가? 망설이다 죽음을 맞이할 것인가? 인생에서 소망하는 것 하나쯤은 이루고 말겠다는 의지를 세웠다면 일단 시작하고 2개월 이상 지속하고 체질을 바꾼 후, 목표한 것들을 해내라! 해내보자!

나처럼 부동산 업을 하는 사람이라면 한 달 동안 몇 명을 만나서 회사 사무실을 이전할 것인지 묻는 영업 행위를 해보자! 차를 판매하는 영업사원이라면 주변 노후 차량 운전자들에게 새 차 구입을 제안하자. 제안 건수를 체크하고 다양한 영업 방법을 실행하고 있는지를 자문해보라!

보험 영업을 하는 사람이라면 매주 몇 건의 신규 계약을 해낼 것인지에 대한 목표 등을 세워 구체적이고 본인이 처한 상황에 맞는 돌파구를 찾아보라!

심지어 초등학생, 중학생이 영어 공부를 하면서 하루에 몇 개의 단어를 외울지 세우는 공부 계획조차도 그 계획이 없는 사람과 계획에 따라 행군을 하는 사람의 도착점은 다르다. 당연히 계획을 갖고 행군하는 사람의 행군은 더 효율적이며 무리함이 없다. 그냥 늘 평소에 하는 것을 하는 루틴이 되는 것이다.

뻔한 기본기를
다지고, 다져라

    일상생활 속에서 어떤 준비 없이 '자동'으로 되는 일들이 있을 것이다. 나의 초보운전 시절을 생각해본다. 긴장된 마음으로 차 문을 열고 시트를 이리저리 몸에 맞게 조절하고 안전띠를 매고는 왼발은 클러치를 밟고 오른발은 브레이크를 밟은 상태에서 기어는 중립, 사이드 브레이크는 당긴 상태에서 시동을 건다. '시동을 걸기 위해 자동차 열쇠를 돌린다'라는 표현이 더 맞을 것 같다. 그렇게 시동이 걸리면 사이드 브레이크를 내리고 기어를 1단에 넣은 후 클러치와 브레이크를 밟고 있는 양발을 천천히 조절해가면서 브레이크를 밟은 오른쪽 다리를 액셀러레이터로 옮겨 부드럽게 밟는다. 아주 간발의 차이지만, 동시다발로 클러치에 발을 떼면서 차를 출발시킨다. 출발 직후, 바로 클러치 밟으면서 2단으로 변속, 다시 3단으로 변속하면서 속도를 높여간다. 약간 스텝이 꼬이기라도 할 때면 '푸드덕' 차가 떨면서 시동이 꺼져버린다. 시동을 몇 번 꺼트렸는지 모른다. 대로의 신호 대기 중에 이런 일이 생기면 엄청 당황스럽다. 도로 위 다른 차들이 1초도 안 기다려주고 빵빵대기 시작했던 기억이 있다.

그렇게 운전하는 날이 늘어나면서, 어느 순간 1단을 언제 넣고 언제 출발했는지 기억조차 하지 못하고 그냥 막 달리고 있는 자신을 발견하게 된다. 심지어 캔 커피를 따서 마시고, 할 짓을 다 하면서 운전하는 자신을 발견하는 것이다. 당시에는 수동 기어 차였는데도 말이다. 모든 것들은 숙련도가 생기고 나면 뻔하디뻔한 것들로 되어버린다.

그 뻔한 아무나, 누구나 다 하는 '운전' 말이다.

운전하는 데 있어서 의미를 두고 긴장을 하고 매일을 산다고 생각해보라! 얼마나 힘이 들겠나? 일에서도 마찬가지다. 어떤 업종이든 처음 창업이나 출근을 하는 날의 긴장감은 대단할 것이다. 거의 전쟁을 겪는 수준이라고 해도 과언이 아닌데, 사실 전쟁과 다를 것이 없을 것이다. 그렇게 어떤 것이 뻔한 일상이 되어 버리면 그때부터는 응용이 가능해진다.

내가 몸담은 부동산 비즈니스에서도 마찬가지고, 자동차,

보험 등 어떤 상품을 판매하는 영업맨들이나 일반 직장인 모두 마찬가지다. 그렇다면 숙련도는 어디서 오는 것이고 남들보다 빠른 숙련도를 갖기 위해서는 어떤 비결이 있을까? 운전으로 비유한다면, 실제 드라이브를 많이 해야 한다. 어릴 적 21살에 아버지가 차를 사주셨는데, 운전이 너무 좋아서 야밤에 차를 몰고 부산을 논스톱으로 달려가서 광안리에서 사발면을 먹고 다시 운전하고 논스톱으로 집에 와서 잤던 기억이 난다.

맞다!
미친 거다.
운전에 미쳤던 것이다.

덕분에 운전이 너무 쉬워졌고, 길을 택시 기사 아저씨 수준으로 알게 되었다. 지금처럼 내비게이션을 보면서 운전하는 택시 아저씨들과 1990년대 택시 아저씨들은 수준이 다르다.

어떤 일에서 미쳤다는 소리 한 번 정도는 들을 정도로 몰입하는 폴리매스(Polymath)들은 단시일 내에 숙련도를 만들어낸다. 그런 숙련도를 갖춘 사람에게는 남들이 어려워하는 것이 '뻔한 것'이 되는 것이다. 뻔하다고 자기 일에서 느끼게 된다면, 그제야 기본은 되었고 이제 돈을 벌 만한 상황에 들어섰다고 볼 수 있다.

자신의 고정관념을
버려라

앞서 기본기를 다진 후, 자신의 일에서 성공이 '뻔한 것'에서 온다는 것을 인식하기 전까지는 '배우는 자세'가 필요하다. 간혹 남들이 걸어온 길의 시작을 우습게 아는 사람들을 만나게 된다. 에베레스트, K2, 대청봉 같은 산 정상에서 환호하는 것은 멋지고 자신의 모습이라는 착각을 하면서도 그 산 정상에 오르기 위해 엄홍길 대장 같은 최고의 등반가도 첫 발걸음을 뗄 때는 초보와 다름이 없었다는 사실은 잊어버린다. 자신이 지금 해야 할 일이 그 초보 시절의 첫 발걸음을 앞선 사람과 같이 떼어야 한다는 사실은 부정한다. 한마디로 건방지다는 뜻이다. 모두가 그런 것은 아니지만, 성공한 사람들의 99%는 겸손하다. 건방짐은 밖으로 드러내면 안 된다.

세상을 사는 데 자기 잘난 맛에 사는 것이지만, 자신 있게 열심히 하는 것과 겸손이 없이 속칭 '싸가지'가 없는 것은 아예 다른 차원이다. 보통 싸가지가 없는 사람들의 경우는 성공도 하기 전에 '적'을 먼저 만들어내기 때문에 산 정상까지 올라가다가 결국은 정상에 깃발을 꽂지 못한다. 당연한 이유지만 등산하다 보면 밤낮을 걸어야 하고 낭떠러지, 절벽 등 '죽음'과 함께 하는 경우가 많은데 스스로 죽음이 아니라, 타인에 의한 살해를 당할 수도 있기 때문이다.

자신을 너무 과신하면 안 된다.

세상에는 나만의 무언가 대단한 것, 이런 것은 없다. 내가 획기적인 생각을 했다 하더라도 알고 보면, 이미 세상에 다 있는 것들이다. 우리가 발명가들을 대단하게 생각하고 무언가 처음 해낸 사람들을 영웅처럼 생각하는 이유는 그만큼 무언가 스스로 생각해서 처음 해내는 것이 별로 없기 때문이다.

청출어람(靑出於藍)이라는 단어는 제자가 스승을 뛰어넘는다는 뜻이지 혼자 알아서 득도했다는 뜻이 아니다. 배움에서는 겸손은 기본이고 자신의 틀에서 한 발을 빼서 내 생각이 진리처럼 생각하면 안 된다. 자기가 자기 자신을 자기가 만든 고정관념 속에 빠뜨려버리면 안 된다는 뜻이다. 특히 성공을 꿈꾸는 사람이라면 자신의 일에서 앞선 사람들에 대한 경외심까지는 아니더라도, 자신의 분야에서 앞선 사람들의 노하우를 배우고 스스로 장점에 결합해서 더 나은 결과를 만들려고 노력하는 마음을 잃어서는 안 된다.

　세상에는 나보다 잘난 사람이 얼마든지 많다는 점을 잊으면 안 된다. 그래야만 나도 점점 나아지는 나로 전진시킬 수 있다.

우선 앞선 자들의
뒤를 따라 시작하라

    요즘 MZ세대들을 두고 이렇다, 저렇다 하며 이야기를 많이 한다. 지금 50대, 60대들도 자신들의 20대를 생각해보라. 나만 하더라도 어린 시절 싸가지가 없다는 소리를 많이 들었다. 어느 세대나 어린 시절에 예의범절을 100% 갖추기는 힘들다.

    일을 시작해서도 그런 어린 마음이 남아 있는 사회 초년생들이 많다. 그 사회 초년생들도 각자 마음속에 성공의 꿈이 있다. 세상에 없는 나만의 무언가를 해보고 싶은 마음이 강하다. 무언지 모를, 세상에 없던 그것을 하면 될 텐데 세상에 이미 다 있는 일로 사회생활을 시작하는 경우가 실질적으로 더 많다. 이 경우 업계나 회사의 선배, 앞서 이미 하는 사람 중에서 성공적으로 내 앞에서 걷고 있는 사람이 있다면, 그 선배를 충분히 페이스메이커(Pacemaker)로 이용해야 한다. 말 그대로 페이스메이커는 마라톤 금메달을 노리는 선수가 자신의 시간 안배, 컨디션, 시간 관리 등을 위해 동료를 옆에 두고 같이 훈련하는, 그 훈련을 같이 해주는 동료다. 때에 따라서는 그 페이스메이커가 금메달을 따기도 한다. 선의의 경쟁자 같은 존재다. 보통 탁월함은 약간 부족해도 금메달 유망주보다 노련하고 선배인 경우도 많다.

   무언가 이룬 성공자들의 공통점은
   겸손함, 성실함이 있다는 사실이다.

   오랜 시간 신입 영업사원(공인중개사, 상업용 부동산 에이전트 등)들을 가르치다 보면 항상 느끼는 점이 있다. 늘 묵묵히 하루하루를 잘 보낸 사람이 첫 계약도, 큰 계약도 해낸다는 사실이다. 어쩌고저쩌고 말이 많고, 단계를 뛰어넘는 업무 진도와 질문 등이 많은 사람 치고 '돈'을 버는 꼴을 못 봤다. 이유는 간단하다. 스스로 아무리 잘났다고 생각하는 사람이라 하더라도, 자신감이 넘쳐서 우주로 기운이 치솟는 사람이라 하더라도…. 어떤 일을 처음 시작할 때는 그것도 남에게 배우면서 시작할 때는 '제발! 가르치는 대로 했으면 좋겠다.'

   과거에 실무 교육 중에 이런 신입사원들이 있었다.

콜드 콜 교육 중에 "제가 콜센터 직원입니까?"라고 항의한 사람, 지도 만들기(지리 익히기) 교육을 시작해서 며칠이 지나도 길을 잘 안다고 안 만들던 사람.

이 무슨 근본도 없는, 기본이 안 된 인성이라는 말인가?

딱 가르치기 힘든 사람들이다. 당시에는 설득하려 했지만, 지금의 나는 바로 아웃시킨다. 인성이 그릇된 사람은 무언가 가르쳐서는 안 된다. 사회악이 되기 때문이다. 나의 코칭 밑바닥에는 이나모리 가즈오(稻盛和夫) 회장님이 저서나 강연을 통해 이야기한 이타심이 근본에 깔려 있다. 영업이든 인생이든 성공의 가장 근본은 겸손함이다. 겸손하게 더 나은 것들을 받아들일 수 있는 사람은 선배의 장점을 모두 흡수한다. 선배의 나쁜 것들은 배우지 않으면서 자신의 장점과 결합해 더 나은 직장인, 사회인, 영업인이 되는 것이라 믿는다.

겸손히 배우고 발전시켜
추월하라

앞서 선배들을 길을 우선은 따라가라고 언급한 것은 시간적인 한계성이 있는 조언이다. 어느 순간이 되면 모든 선배가 후배보다 더 훌륭한 것은 아니라는 것을 알게 된다. 열심히 몰입하는 후배가 투자하는 시간과 노력에 따라서는 선배보다 더 빠르게 성장한다. 선배를 뛰어넘고 심지어 스승을 뛰어넘는다. 그리고 그래야만 한다. 신입사원 시절이나 사회 초년생 시절에 선배나 윗사람들의 사랑을 독차지할 정도로 두각을 나타내고 좋은 실적을 내던 사람이 성공의 길로 가지 못하고 망조가 드는 경우를 상당히 많이 본다. 사실 대부분이 이런 케이스다. 이유는 아주 간단하다.

겸손함을 유지하지 못하기 때문이다.
항상 스스로가 건방짐의 덫에 빠지는 것을 경계하라!

선배나 윗사람들의 대부분은 신입사원의 시건방짐을 목격하면 정이 떨어져서 더 이상 마음으로 도와주지 않는다. 도시락을 직접 싸들고 다니면서 잘못된 방향으로 가는 사람을 잡아줄 사람은 흔치 않다.

타인이 나를 언제나 도와주고 싶은 마음으로 대할 수 있도록 노력하자! 천성이 건들거리고 건방지거나 겸손이 없는 사람들은 본인 자신도 잘 알 것이다. 철저히 경계하기 바란다. 세상을 혼자 사는 사람은 없는데 은인은 못 만들어도 원수를 만들지 마라! 그 원수가 여러분들보다 힘 있는 사람이면 인생이 많이 꼬이게 된다.

모든 답은
현장에 있다

모든 일을 책상에서 이론으로만 배워서 해보려는 사람들이 있다. 요즘은 유튜브로만 배우려고 한다. 직접 안 해보고 내 것으로 만들겠다는 것은 착각이다. 심지어 요리, 운동, 공부 같은 행동이 뒤따라야 하는 다양한 분야를 직접 안 해보는 경우들이 많다. 나의 직업인 부동산 업에서도 처음 영업하게 된 동네를 '부동산적 관점'으로 산책하고 오라고 신입 공인중개사에게 교육할 때면 검색 엔진의 인터넷 지도와 로드뷰로 동네를 편하게 둘러보고 동네를 익히는 사람들이 상당히 많다.

무슨 전래동화에 등장하는 자린고비 이야기인가? 자린고비처럼 방 천장에 매달아놓은 굴비를 한 번 쳐다보고 맨밥을 먹으며 아꼈다는 식으로 실제 먹지 않고 굴비 맛을 상상하며 식사를 하는 것인가? 현장으로 나가서 골목길, 큰길에서 골목으로 들어가는 길을 확인하지 않으면 제대로 된 중개업을 위한 지리 익히기가 아니다. 모든 직업에서 공통적인 이야기라고 생각한다. 살인 사건을 조사하는 형사가 살인 현장을 안 가보고 찍어온 사진만 보며 용의자가 살인범인지 아닌지 판단할 수 있을까? 험하게 생겼으니 살인했을 것이라고 추측하면 될까?

무슨 '관심법'을 쓰는 후고구려의 '궁예'의 신통력이라도 이어받았냐는 말이다. 심지어 역사 공부를 한 사람들은 알겠지만, 궁예도 진짜 신통력이 있던 것이 아니고 그것을 이유로 사람을 숱하게 죽였다고 한다.

일이든 학업이든 어떤 상황에 놓였을 때, 직접 해보고 확인해보는 습관이 나에게 체질화가 되어 같은 상황이 되었을 때 당연히 직접 해봐야 한다. 이렇게 자신의 체질 개선을 하고 사회에, 영업에 뛰어들라고 말하는 것이다.

나는 처음 가본 동네에서 어떤 건물주가 자신의 신축 건물에 좋은 임차인을 유치해달라는 제안을 할 때, 제일 먼저 사무실에서 위치 파악하고 건물 관련 공부(공적 장부들, 등기부등본, 건축물대장 등)를 발급 및 확인하고 바로 현장으로 차를 몰고 나간다.

지도에서 보이지 않는 현장에서만 확인되는 것들을 직접

확인해야 고객이 의뢰한 임대나 매매가격이 합당한 금액인지 판단할 수 있다.

이렇게 현장에서 확인하고 일을 받을 것인지 대답한다는 의미다.

우리가 어떤 일을 하든지, 투입한 시간과 노력에 합당한 대가를 받아야 하기 때문이다. 상품성이 없는 일을 의뢰받아서 하거나, 하나 마나 한 공부를 한다면 그렇게 버려지는 시간은 돈으로는 계산할 수도 없다.

현장의 모든 사람과 상황을
기록하라

　매일 10명을 만나는 루틴을 유지하기만 한다면, 당신이 어떤 상품을 파는 영업사원이라고 하더라도 매출에 한계가 없을 것이다. 이 말은 내가 자주 들었고, 자주 하는 말이다.

　여기서 중요한 키워드는 '매일, 루틴, 한계'라는 단어다. 사실은 10명이라는 숫자는 한계라는 단어와 밀접한 관계가 있다. 한계라는 단어와 붙어 있는 것 자체가 아주 힘든 숫자라는 의미다.

　매일 10명의 모르는 사람을 만나서 어떤 판매를 한다는 것은 굉장히 힘들다. 만남의 형식은 1차 방문, 돌방(갑자기 만나러 가보는 행위), 콜드 콜(모르는 사람에게 하는 첫 통화) 등 다양하다. 사무실이 아니라 외근이 주를 이루는 영업 관련 업종의 사람이라면 이 숫자의 유지는 '실적'과 직결되기 때문에 '생명줄'과도 같은 방법이다. 따라서 자의이든, 타의이든 이 숫자를 유지하기 위한 올가미를 스스로 만들어 숨을 쉬고 밥을 먹으며 잠을 자듯이 일상이 되게 만들어야 한다.

하루에 10명이면
한 달에 25일을 일한다고 가정하면,
한 달에 250명을 만나는 것이다.
1년이면 3,000명을 만나는 것이다.

3,000명의 명함이 당신의 눈앞에 쌓여 있다고 생각해보라!
판매하는 상품이 무엇이냐에 따라 구매율은 다를 것이다.
내 직업인 상업용 부동산 분야에 계약 확률 1%를 적용해보겠다. 0.5%만 적용해볼까?

좋다! 0.5%!
15라는 숫자가 나온다.
한 달에 1건 이상의 계약을 할 수 있다는 계산이 나온다.

이 통계 수치 0.5%는 거의 부동산 업무를 처음 시작하는 사람의 통계다.
강남구 역삼동을 영업지역으로 사무실 임대차 업무를 시작한 신입 공인중개사가 1년에 3,000명을 만나면 매달 1건 이상의 계약은 할 수 있다는 이야기다.

역삼역 이면의 실면적 50평 사무실 임대차를 직접 발굴한 물건(건물)에 본인이 직접 찾은 임차인으로 계약시키면 양쪽 수수료 합계는 대략 계산해도 1,000만 원은 될 것이다.

많이 버리기 위해
많이 만나는 역설

앞서 1년에 3,000명을 만난 신입 공인중개사의 사례를 이야기해봤다. 이 숫자가 그대로 지켜지는 것은 아니다. 28년간 직접 영업을 하고 후배들을 가르치면서 느낀 것은 대부분 3,000명의 숫자에 도달하지 못한다는 것이다. 나는 그 이상을 접촉한 적이 있었을 것이라는 생각이 든다. 숫자를 세보지는 않았지만 말이다. 나의 사수, 선배들이 내가 그렇게 숫자를 중요하게 여기고 일하도록 프라이팬 위의 멸치볶음처럼 들들 볶았으니…. 달성하면서 신입 시절을 보냈을 것이다.

당시 나의 사수는 내가 만난 많은 사람의 명함을 하나씩 들면서 묻고는 했다.

"창희야! 이 회사 이사할 것 같아?"

"고객을 만났을 때의 상황을 토씨 하나도 빼지 말고 나에게 이야기해봐라!"

한 명, 한 명 만난 내용을 듣고는 어떤 명함은 고객 상담 카드에 풀칠해서 붙이고 A급으로 관리하라고 하고, 어떤 명함은 옆으로 휙 날리면서 어디다 그냥 모아두라고 했다.

하루에 10명을 만나도 당장 사무실을 이전하거나 부동산을 사고판다는 사람이 10명 중의 1명이 나올지 안 나올지는 알 수 없다. IMF 경제위기를 겪으면서 내가 부동산 영업을 힘들어할 때, 나의 선배들은 10명 만나는 것으로는 진성고객을 찾기 힘드니 20명이라도 당분간 만나야겠다고 의지를 불태우는 모습을 자주 봤다. 사람은 계획을 세우고 실행하면서 가슴이 콩닥콩닥 뛸 때, 도파민이 나오면서 행복감을 느낀다고 하지 않는가?

퇴근 무렵 그날 만난 사람들의 명함을 하나씩 넘기며 고객 상담 카드라는 영광의 페이지에 그 명함을 붙이는(무슨 올림픽 메달 수여식 같은) 이상한 도파민 생성 세리머니(Ceremony). 그 세리머니를 즐기기 위해 낮에 모르는 사람들에게 당한 거절의 파도를 웃음으로 바꾸고 퇴근하는 영업사원의 하루 마무리를 상상해보라!

'많이 버리기 위해 많이 만난다.'
바로 이런 뜻이다.

뼛속에 좋은 습관을
이식하는 방법

사람의 어떤 행동을 3주 정도 강제라도 지속하면, 습관이 된다고 한다. 뇌과학자들의 말을 인용하자면, 미라클 모닝을 결심하면서 4시 반에 매일 일어나겠다고 생각한 어떤 사람이 강제로 알람 소리에 깨고, 너무 힘들지만 3주 정도 지속하면 뇌가 인식한다고 한다.

'아! 이 녀석은 4시 반에 일어나는 삶을 살기로 했구나!'

그렇게 인식한 뇌는 몸의 신진대사를 4시 반에 일어나게 맞춰주고 그게 습관이 되면 알람 없이 4시 25분에 일어나서 침대에서 눈을 뜨고 5분 후 알람을 본인이 일어난 상태에서 끄고 샤워를 하러 가게 되는 것이다. 이런 일상의 습관화 작업을 일상의 어떤 목표 달성을 위해서도 적용해보자.

나는 28년 가까이 매일 7시 전에 사무실에 출근을 해왔다. 어쩌다 알람을 못 듣고 지각을 하는 때가 1년에 1~2번 정도 있는데, 그 지각은 8시 반이나 9시가 넘어서 출근을 했다는 의미가 아니고 7시 10분에 출근했다는 의미다. 지금 이 책의 이 줄도 2024년 12월 5일 목요일 오전 7시 10분 을지로 삼화빌딩 1층 스타벅스에서 쓰고 있다. 8시 10분에는 한 시간의 글쓰기를 마치고 나는 사무실로 돌아가서 업무를 준비할 것이다.

정말 지치고 힘들어 미칠 것 같아도, 어떤 것을 하기 힘든 마음이 들더라도 '습관'이라는 내 친구가 내 몸속에서 나를 일으켜 세우도록 좋은 습관을 뼛속에 이식해둬라!

처절하리만큼
목표 지향주의로 일상을 살기

　일본 교세라의 창업 초기에 발주처에서 요구한 품질의 제품을 만들어내기 위해 밤잠을 설치며 연구하던 연구원이 이나모리 가즈오 회장님에게 '어떻게' 해야 하는지 막막함을 이야기한 일화는 매우 유명하다. 가즈오 회장님은 엉뚱하게도 대답하는 대신 "신에게는 빌어봤나?"라고 물었다고 한다. 황당해하던 직원도 곧 그 의미를 깨달았다고 한다. '인간으로서 할 수 있는 방법을 모두 다 써봤느냐'는 뜻이었다.

　무언가 목표를 세우고 그냥 그저 그렇게 열심히 해보겠다는 의미로 작심삼일이 될 만한 가벼운 '파이팅'을 외치지 말라는 것이다.

　26살 내가 영업을 처음 시작해서 '공인중개사 창업 컨설팅

& 부동산 프랜차이즈 가맹점 영업'을 하던 시절의 일화가 있다. 잠실의 '○○부동산', 지금은 돌아가신 그 부동산 중개사무실 사장님에게 잡상인 취급을 당하고 쫓겨나서 비 오는 나의 마티즈(대우에서 나왔던 국내에서 가장 작았던 경차) 안에서 울었던 기억이 아직도 생생하다. 당시 차 안에서 오만 쌍욕을 다하면서 울었는데, 분함도 있었지만 '계약'을 너무 하고 싶어서 울었다.

28년 부동산 일을 하면서, 계약하고 싶어서 울어본 적이 여러 번 있다. 약오르게 질질 끌고 결국은 계약이 안 되며, 이랬다저랬다 하는 일이 일상이다. 그런데 이렇게 계약이 안 되는 진행 건들이 여러 개 동시에 일어나다 보면 신경이 너무나 날카로워져서, 물잔이 한 방울에 넘치듯이 작은 자극만 생겨도 화나고 울고 그랬던 것 같다.

그것은 내 마음이 약해서가 아니었다.
계약을 하고 싶어서였다.

내가 평소 선생님이라고 부르는 자산가가 20여 년 전 나에게 이런 말씀을 하신 적이 있다. 누구에게도 자신의 '돈 벌고 싶은 마음'을 표현하지 못하고, 자기 일이 잘 안될 때 퇴근을 하고는 노래방에서 반주를 크게 틀어놓고 울었던 적이 한두 번이 아니라고 하셨다.

큰 목표를 세우고 그 목표를 위해 다가가는 데 있어서 그저 그런 마음을 먹으면 아무것도 되지 않는다. '안 되면 죽을 수도 있다. 이거 계약 못 해서 돈을 못 벌면 집에 있는 아이가 밥도 못 먹고 학교도 못 간다.' 이런 마음을 먹어야 한다. 내 주변에는 자신감이 넘쳐서 거창한 목표를 세워서 SNS 등에 올리는 사람들이 있다. 그런 목표를 달성하는 사람이 있고 흐지부지되는 사람으로 나뉜다. 실패하는 사람과 성공하는 사람은 재미있는 차이를 보인다. 성공한 사람은 성공에 대해 당연한 마음으로 받아들이지만 실패한 사람은 변명이 엄청나다. 그냥 '잘못했습니다'가 아니라 실패했던 계획처럼 아주 거창한 실패 원인을 만들어서 자신의 실패를 포장한다. 간혹 그 실패가 젊음의 패기, 다시 하면 잘될 것에 대한 가벼운 연습인 것처럼 멋들어지게 포장을 한다. 때로는 본인이 세워서 달성했다고 외치는 자랑스러운 성과가, 알고 보면 누구나 다하고 있는 그런 일인 경우도 많다. 목표나 기준을 낮춰놓고 금메달리스트 같은 행세를 하는 것은 처절한 목표 지향주의와 거리가 멀다.

　늦잠을 자게 된 신입 사원이 있다고 해보자!

　어떤 사람은 지구가 멸망한 듯한 마음으로 미친 듯이 회사로 뛰어가는 반면에 어떤 사람은 "잠에 투자하는 것도 좋지!"라고 하거나 "내가 입사해서 며칠 무리하기는 했지"라면서 스스로 게으름을 예쁘게 포장하고 팀장에게는 거짓 문자를 보낼 것이다. 몸이 너무 안 좋아서 오늘 회사를 쉬어야 할 것 같다고 말이다. 때로는 10년 전 돌아가신 큰이모가 다시 돌아가신 것으로 이야기하기도 한다.

하늘이 알고, 땅이 알고, 내가 아는 거짓말을 하지 말자!
심지어 상사들은 이런 부하의 거짓말을 대부분 알면서도 알았다고 해주는 경우가 많다는 것도 기억해두자!

하루 정도는 살면서 이런 일은 있을 수 있다.
중요한 것은 나쁜 한 번이 습관이 된다.

자신이 세운 목표는 자기 능력보다 높게 세워야 한다. 개인이든 회사 목표이든 자신이 수행할 일이라면 목표를 더 높이 세워라! 회사가 직장인으로서 개인이 KPI(Key Performance Indicator, 핵심성과지표)를 본인의 업무분장에 맞게 세우라고 가이드라인을 주더라도 그 가이드라인은 직장인인 나의 가이드라인이다. 내 인생을 위한 가이드라인을 더욱더 높게 세우라는 말이다. 그 더 높은 가이드라인이 내가 하는 일의 목표 달성을 위해 필요한 것이라면 더 좋은 목표가 될 것이다.

정량적으로 자신이 몸담은 일의 1년 성과를 위한 목표, 또 다른 정량적 목표로 내가 몸담은 일의 시너지를 더 낼 수 있는 또 다른 상향 목표를 같이 세우자. 정성적으로 내가 자기 성장을 하고 미래를 더욱 풍요롭게 살 수 있게 만들어줄 공부와 같은 정성적 목표도 치밀하게 세워야 한다.

나는 내가 가진 성공의 의미를 항상 신입사원 교육할 때 이야기를 한다. 아는 사람들은 알겠지만 나는 부동산 업을 하는 사람이다. 늘 신입사원이 입사하면 꿈이 무엇이냐고 물어본다. 돈만 많이 벌면 되는 거냐? 돈을 많이 버는 것이 꿈이냐? 돈이 꿈이 될 정도면 돌아가신 애플의 스티브 잡스(Steve Jobs)나 스페이스 엑스, 테슬라의 일론 머스크(Elon Musk) 정도는 되어야 하지 않을까? 쉽지 않은 일이다.

인생의 꿈은 다소는 정성적이고 동화 같은 이야기인데, '행복' 같은 단어와 맞닿아 있다. '인간 ○○○의 행복=꿈을 위해 (   ) 직업, (   ) 돈벌이를 선택한 것'으로 생각해야 한다. 정리해서 이야기하자면, '꿈=행복'을 실현하기 위해 선택한 직업(돈벌이)에서 충분한 돈을 벌고 그 돈벌이의 크기가 점점 커지기 위해서는 공부나 연구를 해야 하는데, 그 과정에서 자기 성장이 함께 수반되어야 한다.

'성공은 자기 수익에 걸맞은 자기 성장'이라고 표현하고 싶다. 솔직히 돈만이 목적이면 수단과 방법을 안 가리고 벌면 된다. 이런 경우에 보통은 돈은 번다고 해도 손가락질을 받거나 스스로 떳떳하지 못하고 어설프면 감옥에 가게 된다. 아무리 돈이 많아도 범법에 감옥을 도쿄 여행 가듯이 하는 사람은 '성공'이라는 단어를 쓸 수는 없다고 생각한다.

스스로 상벌을
엄격하게 한다

외국계 영업조직들은 업종을 가리지 않고 '포상 시스템'이 너무나 잘 되어 있다. 특히 보험·금융, 부동산, 네트워크 마케팅, 자동차 등 공산품, 학습지, 교재 등등 무언가 판매하는 조직을 갖춘 회사들은 상벌이 엄격하다. 나도 그런 업종과 회사를 평생 다녔다. 얼마나 자신을 관리하면서 퍼포먼스(Performance : 결과, 계약, 판매)를 해내는지 회사가 가장 잘 알기 때문이다. 회사는 개발하고 판매하는 상품을 결국은 팔아야 한다. 어느 회사나 영업조직은 일반적으로 인사팀, 총무팀 직원들에 비해 거칠다. 좋게 이야기하면 다이내믹하고 다른 측면으로 이야기하면 결과 지향이 심해서 제멋대로인 경우도 많다. 나쁘다는 뜻은 아니다. 그 말에 속한 의미는 사람 하나하나를 영업조직은 다루기 쉽지 않다는 것이다.

미국 부동산 업계 대부인 데이브 리니거(Dave Liniger) 설립자에게 몇 년 전 영업조직의 성공에 관해 물어본 적이 있다.

"부동산 중개 회사 성공의 핵심은 무엇인가?"
대답은 간단했다.
"우리는 회사처럼 운영했다."

처음에는 이해가 잘 안 되어서 계속 생각했다. 그분의 어느 방송 인터뷰 영상을 유튜브에서 찾아서 수십 번을 반복해서 봤다. 그리고 그 말의 뜻을 알았다.

어떤 회사가 슈퍼에 음료를 납품하는 회사라고 생각해보자! 기존 제품도 당연하고 신제품은 더더욱 그럴 것이다. 한 달에 자신들의 제품이 얼마나 판매되는지, 어떤 제품이 특히 많이 팔리는지 다양한 판매 데이터를 기반으로 재고 관리도 하고 판매 전략도 수정해야 한다. 심지어 매장에 진열하는 방식도 다양하게 시도해야 한다. 내가 대학교 1학년 시절 유통관리사라는 자격증을 취득하면서 슈퍼마켓 등의 진열 방식을 공부한 적이 있었다. 새우깡 과자 하나라도 그냥 그 자리에 진열되는 것이 아니다. 다시 돌아가서 데이브 리니거 이야기를 이어나가보겠다.

"우리는 회사처럼 운영했다."

부동산 중개업은 어느 나라나 상당히 주먹구구로 운영하는 경우가 많다. '회사처럼'이라는 단어에는 목표 수립, 목표 대상 설정, 목표 달성 계획 일정, 목표 금액, 판매 전략, 판매를 위한 영업조직의 활동 관리, 영업사원의 리쿠르팅 및 교육, 기존 영업사원의 유지와 실적 관리 등 다양한 의미가 내포된 것이다.

동네에서 작은 공인중개사 사무실을 오픈하거나 바리스타가 골목에서 작은 자기만의 커피숍을 오픈한다고 하더라도 계획이 있어야 한다. 그 계획을 수행할 실행 계획, 결과 분석, 만회 계획, 중장기 사업 계획이 있어야 한다는 말이다. 막말로 커피숍에 사람이 많이 오면 뭐하나! 원두가 없다면…. 모든 것은 계획하에 이루어져야 한다는 말이다.

이 계획은 사람에 의해 크게 좌우된다.
영업조직 성패의 묘미는 사람이 하는 일이라는 것이다. 구성원이 어떤 마음을 갖고 행동하느냐에 따라서 불가능해보이는 일이 이루어지기도 하고, 정말 쉬운 일이 실패하거나 기회를 잃은 후 한참이 지나 기회를 날려버린 것을 알게 되는 정도로 엉망진창이 되기도 하는 것이다.

영업조직에서 회사가 영업사원에게 줄 수 있는 최고의 복지는 '우수한 동료'라고 이야기한다. '사람이 전부다.' 그래서 잘하는 사람과 못하는 사람에 대한 상벌이 엄격해야 한다. 잘하는 사람을 위주로 회사를 운영해야 하고 못 하는 사람은 살갑게 챙기는 것이 아니라 스스로 따라오게 유도한다. 따라오지 못하면 '회사의 시간 투자'보다는 그 일이 맞지 않는다고 생각하고 빨리 다른 일을 하라고 권해야 한다. 열심히 하는 사람 옆에 일을 못 하는 것이 아니라 안 하는 사람을 두지 말라는 뜻이다. 조직을 망치는 지름길이고 그런 현상을 방치하면 잘하는 사람들이 떠난다.

이것이 "회사처럼 운영했다"라는 말의 의미다.

상벌의 엄격함을 내 개인 측면에서 설명해보겠다.

나는 어릴 적부터 부동산 영업사원으로 샐러리맨이 아니라 내가 번 돈에서 회사와 쉐어(배분)하는 인센티브제 영업사원이었다. 내가 많이 벌면 소득도 높고 내가 못 벌면 소득은 없었다. 내가 처음 일을 시작한 회사에서 나는 운이 좋았다. 좋은 브랜드의 회사였고 나의 팀장, 나의 사수는 지금 생각해도 좋은 사람이었다. 인성도 그렇지만, 영업을 잘 가르쳐준 분들이었다. 아마 그분들이 이 글을 읽는다면 이상하다고 생각할지도 모른다. '어? 내가 뭐 가르쳐준 것도 없는데?'라고 말이다.

나도 내 제자들에게 같은 이야기를 해서 그럴 것이다. 중요한 것은 일의 성공 속성을 알려주었다는 것이다.

영업은 업종을 떠나서 성공 법칙이 비슷하다.
그 뻔한 답은 이미 나와 있다.
'시도'를 많이 한 사람이 이기는 게임이다.

포기하지 않고 꾸준히 무언가 팔려고 지속한 사람!
그게 얼마나 뻔한 이야기인가?
아무것도 아는 말이다. 거창하지도 않다.
무슨 스페이스 엑스가 화성에 로켓을 쏘는 그런 것이 아니다.

그런데 하면 할수록 알게 된다.
그 뻔한 것을 지속하는 사람이 생각보다 적다는 것이다.

지속하는 자는 누구일까? 그 돈을 버는 사람 말이다. 그 돈을 버는 사람이 나여야만 한다는 생각, 그 생각의 마음이 강하면 강할수록 성공에 가까워진다.

나는 나의 소득이 마음에 안 들면 평생 나에게 스스로 체벌을 가하며 살았다. 여름에는 에어컨 없이 불편하게 잠을 잤고, 겨울이면 히터 없이 베란다 같은, 요즘은 집 근처 나의 개인 사무실 맨바닥에서 잠을 잔다. 이런 이상한 정신력 유지, 모멘텀 유지 체벌을 많이 갖고 있다. 한 번 나열해보겠다.

차가운 맨바닥에서 자기
: 편히 잘 자격이 없어서다.
점심을 먹지 않는다.
: 스스로 말한다. "창희야. 네가 밥 먹을 자격 있어?"
그 밖에도 정신병자처럼 보이는 나만의 체벌이 있다.

반대로 나를 위한 상도 만들어둔다.
: 이 정도 벌었으면, 도쿄 가서 새 빌딩 보고, 맛있는 커피 마시고 와.
: 목표한 돈 보다 많이 벌었으니, 나머지 돈은 너 갖고 싶은 거 다 사라!

그리고 강한 마음을 유지하기 위한 다양한 일상의 루틴을 만들어두었다. 독자 여러분도 삶의 승리를 위해 목표를 세우고 나를 위한 강력한 상벌을 만들자. 체벌하고 칭찬하는 삶을 실현해보기 바란다. 남의 칭찬보다 자부심이 최고다!

• 2장 •

직업적 포트폴리오를
만들라

주력 매출원과
수주원을 구분하라

이 책의 제목은 '왜 망설이는가?'다. 추가로 '어떻게 팔 것인가?'라고 물어보겠다.

당신은 무엇을 팔고 있는가? 판매하는 상품이 있을 것이다. 보통의 판매자는 판매하는 상품의 종류가 한 가지만 있는 경우보다는 여러 상품을 판다. 때에 따라 무형의 상품을 판매하는 세일즈맨이라면 더욱 고민을 많이 해야 할 것이다. 모든 판매 상품은 베스트셀러도 있고 악성 재고도 있기 마련이다. 무형의 상품 판매를 하거나 선판매가 이루어지고 제조, 완성, 납품되는 상품도 있기 때문에 상품에 따라 다른 전략을 세워야 한다.

베스트셀러인 주력 상품은 기본 매출을 뒷받침해주는 주력 매출원이 된다. 이 주력 상품을 사들일 수 있는 가망고객을 지속해서 접촉하고 상품 판매에 이르도록 관리하며 이끌고 나가야 한다. 이러한 수주원 관리는 판매왕들의 공통적인 영업 전략이다.

이 장에서는 주력 매출원을 어떻게 정의하고 동시에 어떻게 이 주력 상품을 구입할 가망고객인 수주원을 만나고 늘려나갈 것인지를 이야기해보도록 하자!

수주원의
개념

수주원은 쉽게 표현하자면, 저수지다.

언제든지 내 논밭에 물을 댈 수 있는 저수지를 확보한 판매자와 그렇지 못한 판매자는 완전히 다른 판매 양상을 보이게 된다. 댐식 경영, 저수지를 갖고 경영하는 방식을 늘 강조하는 이나모리 가즈오 회장님의 표현으로 생각해본다면, 내가 판매하는 상품을 1~2명을 상대로 판매하느냐 아니면 불특정 다수 수십 명, 수백 명을 대상으로 판매하느냐는 완전히 다른 이야기다. 물론 판매하는 상품의 성격과 가격에 따라 정도의 차이는 있지만, 수주원 없이 판매가 원활히 이루어지는 경우는 드물다. 예를 들어, 어느 건설회사의 공사 수주 담당자가 있다고 생각해보자! 누가 언제 어디서 무엇을 건설할지 알 수 있겠는가? 무속인처럼 점을 쳐서 알아야 하는가?

보통의 건설회사 공사 수주 담당자나 팀이 보유한 가망고객 숫자는 수천, 수만 단위에 이른다고 한다. 각종 재건축조합, 노후 연립주택 단지 입주자 모임, 노후 빌딩 건물주, LH공사 같은 곳의 토지 매매 담당 부서, 각종 대형 토지 보유 개인이나 기업, 사옥을 가진 기업 중에 신축 가능한 기업 등. 나도 그쪽 전문은 아니지만, 수도 없이 많다는 것이다.

광진구 군자역에 있는 현대 자동차 판매장의 영업사원이라고 생각해보자! 어디에서 누구를 대상으로 어떤 차를 판매할 것인가? 이런 질문을 들었다면 바로 대답이 나와야 준비가 되어 있는 영업맨일 것이라고 생각한다. 그 대답이 바로 가능한 것은 할머니의 쌈짓돈처럼 판매를 위한 '대상(수주원)'이 있기 때문이다. 무언가를 판매하는 직업을 생업으로 삼은 사람이나 그런 일을 시작한 사람이라면 이 수주원이라는 단어를 꼭 기억하기 바란다.

가망고객을 10배수로
관리해야 하는 이유
: 한정된 시간과 자원을 최대한 가동한다

수주원은 어떻게 만들어나가야 하는가? 앞서 언급한 자동차 판매 세일즈맨의 사례로 설명해보겠다. 과거 나의 팀원 중에 자동차를 판매하다가 세일즈를 잘하지 못하고 생활비를 계속 까먹다가 입사한 사람이 있었다. 누군가 부동산 일을 하면 돈 많이 번다고 해서 입사했다고 했다. 그런데 부동산 일을 3~4개월 하던 차에 어느 정도 돈을 벌기 시작했는데 표정이 억지로 일하는 느낌이라 내가 물어보게 되었다.

"○○씨! 진짜 하고 싶은 일이 부동산 일은 아니죠?"
답은….
"예! 저는 자동차를 좋아해요! 그런데 자동차를 잘 파는 방법을 모르겠어요."

나는 다시 말했다.

"○○씨! 부동산 일을 잘 배우면, 차도 잘 팝니다. 지금의 고민은 ○○씨가 부동산 일도 궤도에 올리지 못했기 때문이에요!"

그리고는 제안했다.

"그렇다면 내가 3개월 정도 자동차를 잘 파는 방법을 알려줄 테니 내가 시키는 대로 해볼래요?"

○○씨는 그렇게 하기로 했다.

○○씨가 전에 노원구의 ○○동 ○○자동차 매장에서 일했었다는 것을 듣고 나는 자동차 판매를 위한 파밍(Farming, 아이템 등을 얻기 위해 반복적으로 어떤 행동을 하는 것으로 이 책에서는 영업활동을 말한다)을 가르쳤다.

결과는 대성공이었다. ○○씨는 이후에 판매 1등을 하고 독일계 ○○○자동차 영업팀장으로 스카우트가 되었다. 지금? 잘살고 있다.

채산성을 높이기 위한
활동지역과 고객 선택

앞서 이야기한 '자동차 세일즈맨의 파밍'은 어떻게 진행되었을까?

우선 활동지역은 공릉동, 노원구 일대였으니 정해져 있었다. 채산성(採算性)을 높인다는 것은 투여하는 노력 대비 높은 수익률을 내는 것이다. 그러므로 지역을 너무 광역으로 하지 말 것과 부동산에서 내가 가르치는 신입 OJT를 자동차 판매 방식에 적용해 가망고객을 최대한 많이 확보하려는 방법으로 코칭했다.

차를 파는 데 맵핑(Mapping)을 시켰다?

맞다. 어떤 상품을 팔든지, 어느 정도 경지에 이른 사람은 다른 상품을 팔 때도 그 상품의 스펙을 자세히 알지는 못하지만 잘 팔게 된다.

우수 보험 영업맨이 부동산 업계로 넘어오거나 우수 자동차 판매사원이 부동산 업으로 업종 전환을 해도 잘 해내는 사람을 많이 봤다. 성공 방법을 알고 다른 상품이지만 응용할 줄 알기 때문이다. 처음에 익숙하지 않은 상품을 판매하며 그 상품을 잘 몰라서 어려움을 겪을 수도 있다. 하지만 생각보다 영리한 머리를 사용하기 때문에 오히려 상품을 잘 알고 있지만 영업력이 약한 기존 영업사원을 파트너로 삼아 일을 시작해 본인이 후배지만 탁월한 매출을 낸다. 선배를 추월해버리거나 비서화시키기도 한다.

내가 제일 먼저 시킨 것은 공릉역 일대, 공릉동, 월계동 지역의 지도를 만들어오게 한 것이다. 부동산 업에서도 지도 작업(맵핑)을 하게 되면, 지도를 만들고 해당 지역이 주로 어떤 주거 형태, 어떤 상권으로 이루어져 있는지를 분석하게 한다. 공릉·월계 지역은 20~40여 년 된 대단지 아파트 단지가 주를 이룬다. 평수도 30평대 이하 아파트들이 대부분이다. 오래된 아파트들이라 단지 내를 돌아다니기 쾌적하다.

내가 차를 판다면 어떻게 할지를 전제하고 상상하면서 코칭을 시작했다.

"지도 안에 있는 아파트 단지의 매매가, 전세가 시세를 알아보고 단지의 규모, 연식 등을 파악하는 과정에서 해당 단지를 그냥 둘러보고 오라"고 했다. 나에 대한 믿음이 강한 사람이었기에 내가 시킨 이런 엉뚱한 자동차 판매 코칭을 잘 따라주었다. 지역을 둘러보고 온 ○○씨에게 물었다.

"삼호아파트는 몇 세대예요? 평형별 금액은 어때요?"

○○씨는 본인이 파악한 내용과 지역 중개사무실을 다녀온 결과를 나와 이야기했다.

나는 두 번째 숙제를 내주었다.

"○○씨가 만든 지도 안에서 오늘 둘러보고 온 삼호아파트, 미륭아파트, 풍림아파트, 한진아파트를 지도에 형광펜으로 구역을 나누되 삼호, 미륭처럼 세대수가 많은 단지를 200~300세대 정도를 대상으로 영업한다고 생각하고 구역을 나누세요! 단, 30개 블록 이하로 나누세요!"

그렇게 지도상에 블록을 구분해오자, 다시 코칭 하나를 진행했다.

"○○씨. 대상 영업지역은 노후 아파트들로 지하 주차장이 적고, 대부분 평수도 작습니다. 맞벌이 30~40대 초반 가정이 많이 사는 지역인데 주민이 대부분이 직장인이고 나이대를 보면 직장에서 대리에서 부장 정도의 직급일 겁니다."

"맞습니다."

"다음 숙제는 사진 찍기입니다."

"예? 사진 찍기요?"

"맞습니다. 내일은 삼호아파트에서 사진을 500장 찍어오세요!"

"예? 왜요? 500장이나 어떤 것들을 사진 찍어와야 하나요?"

"삼호아파트 주차장에서 200여 대 자동차의 외관 사진 하나, 차 앞 유리에 붙어 있는 차 주인의 전화번호를 모두 찍어오세요(아파트 입주민 확인표를 찍어오라고 한 것이다) 일단 찍어오면 제가 숙제를 다시 내줄 거예요!"

그다음 날, 추운 날씨임에도 ○○씨는 숙제를 해왔다.

"○○씨! 사진을 보니 ○○동 402호의 차는 레간자(당시 소나타급)네요."

"예, 맞습니다."

"잘 들어요! 이 차는 제가 봐도 10년은 된 차 같아요. 내일은 신차인 매그너스(소나타와 그랜저의 중간 정도의 모델)의 브로슈어와 레간자의 중고차 가격표, 신차로 교차할 때 금융이나 대출 조건 등이 담긴 서류를 같이 뽑아서 정성스러운 손편지와 함께 402호에 보내드리세요!"

"1주일간 200여 세대에 이와 같은 방법으로 신차 구매가 가능한 사람들을 접촉하고 주말 토요일 단지 상가의 슈퍼마켓 공터에서 매그너스 시승차를 전시하세요. 파라솔 아래 의자에 앉아서 담배 사러 오는 아저씨들이 그 시승차를 보게 만들어요. ○○씨가 1주일간 보낸 차량 브로슈어를 받은 사람들이 편하게 보러 올 수 있게 손편지에 ○○씨가 주말에 시승차를 단지로 갖고 와서 보여준다는 점을 알려서 손쉽게 차를 보러 오게 만드세요. 간단한 답례품도 준비하세요."

이렇게 이야기하자 ○○씨도 "아! 무슨 말씀이신지 알겠어요!"라고 대답했다.

나는 덧붙여서 이렇게 주문했다.

"주말에 단지 상가 슈퍼마켓 앞에서 파라솔 펴고 그냥 의자에 앉아 있지 말고요. 확보한 주차 딱지 내 전화번호로 안내 문자를 정성스럽게 보내서 단지 상가 앞으로 쓰레빠(일부러 슬리퍼가 아니고 쓰레빠라고 표현했다)를 끌고 차 주인들이 나올 수 있도록 유도해요! 그리고 그 번호를 잘 관리하세요!"

이건 내가 ○○씨를 코칭한 내용의 일부이지만, 이러저러한 마케팅을 통해서 ○○씨는 그 다음 달 한 달에 17대를 파는 쾌거를 거두었다. 영업소 1등을 한 것은 당연하고 2등도

3~4대밖에는 못 팔았다고 이야기했다. ○○씨가 1등이 아니었다면 2등이 4대 판매한 실적으로 1등을 했을 것이다. 한 대를 팔면 기본급에 더해 1대당 100만 원 인센티브를 받는다고 들었으니 높은 월급을 그다음 달에 받았을 것이다. 한 번 17대를 팔아본 사람은 10대는 수시로 팔 수 있을 것이다. 그 동네에 삼호아파트만 있는 것은 아니지 않은가!

일련의 과정을 통해 확보된 접촉 고객은 지금도 쌓여 ○○씨가 가족들과 즐겁게 살 수 있는 수주원이 되어준 것이다.

✦

다양한 보조 수단을
활용하라

　결국 무언가를 사는 사람들은 그 상품을 구매할 여유가 있는 사람들이다. 강남지역에 꼬마빌딩을 매입하는 건물주라면 그 건물주가 마음만 먹으면 벤츠도 살 수 있다. 고액의 정기 보험도 가입할 수 있으며 건물을 신축할 수도 있고 아내를 위해 루이뷔통 가방도 살 수 있는 것이다.

　인적 네트워크 외에 마케팅 차원에서 홍보 및 광고를 통해서 수주원을 확보하는 방법도 있다. 물론 판매하는 상품에 따라 광고홍보의 채널을 달리해야 하고 고가의 상품이면 더욱 채널이 중요하다. 특히 요즘은 유튜브를 보고도 빌딩을 사고 파는 세상인 만큼 시대의 흐름을 타는 것도 매우 중요하다. 〈○○일보〉에 빌딩 매매라고 광고해서는 팔리지 않는 세상이라는 의미다. 요즘 종이 신문은 정말 구하기도 하늘의 별 따기이기 때문이다.

'에이, 내가 이 나이에 유튜브 촬영은 민망해서 못한다!'

'나는 이런 건 안 할 거다.'

'뭐, 그렇게까지 할 필요가 있을까?'

'나는 그런 거 몰라.'

무언가 하려는 시도를 안 하는 것은 이미 망조가 들어 있는 것이다. 그 누구도 무언가를 처음부터 잘하지 못한다. 배움을 시도하지 않는 사람은 죽은 사람과 무엇이 다르겠는가?

60대 중반의 지인은 부동산 중개사무실도 유튜브를 해야 한다면서 영상 편집 학원도 다니고 엄청나게 잘 찍은 영상은 아니라도 꾸준하게 매일 올리고 있다. 몇 년이 지난 지금은 영상을 보고 매일 몇 통씩 꾸준한 고객 문의가 있다고 한다. 이렇게 인바운드 전화를 받으려면, 아웃바운드 콜드 콜로 50 통은 해야 가능한 수치일 것이다.

유튜브, 인스타그램을 열어보라! 이 수많은 홍보와 민망에 가까운 눈물 나는 릴스, 영상, 사진 등 무언가를 팔고 알리려는 활동들 속에 당신이 없다면 당신은 '판매자'가 될 수 없다.

나는 당신이 세상의 구매자들이 모여 있는 곳으로 가기를 바란다.

타 업종과 수주원을 공유하는
콜라보레이션

영업의 세계는 생각보다 수주원이 오픈되어 있다. 타 업종과 수주원을 공유하는 콜라보레이션(Collaboration)은 타 업종 간의 교류라는 측면에서도 중요하다. 소개를 받는다는 의미에서는 각 분야의 실력자로서 좋은 고객을 많이 확보한 핵심 영업맨과 교류한다는 것은 매우 중요한 수주원 발굴 보조 수단이 된다.

자신이 판매하는 상품과 유사한 상품을 판매하는 국내외 회사, 내가 판매하는 상품과 함께 구매하면 더 좋은 효과를 낼 수 있는 상품에 대해 콜라보레이션을 이루는 것은 매우 중요하다. 어찌 보면, 내가 내 일에서 '편집숍'을 오픈하는 것 같은 효과를 내보라는 의미다.

나의 상품을 구매하는 고객의 취향에 맞는 상품들만 모아서 함께 판매해보려는 시도를 말하는 것이다. 몇 년 전, 도쿄 히비야 미드타운에 렉서스 자동차 판매장이 오픈했다. 매장 안에는 자동차도 전시되어 있지만, 자동차만 전시되어 있지 않다. 매장 간판도 도요타, 렉서스 등 자동차 이름만 붙어 있지 않다.

내가 해당 매장을 보러 갔을 때, 내부에는 '제안'으로 가득했다. 제안?

제안은 이런 느낌이다. 이렇게 매장이 이야기를 하고 있었다. 렉서스 판매장이라는 부동산 '공간'이 말을 걸어오는 것처럼 느꼈다는 의미다.

"여러분! 렉서스를 좋아하세요? 이미 타고 계세요?"

"저희가 렉서스를 타시는 분들에게 어울리는 다양한 취향 저격 상품들을 여기에 준비했으니 차에 어울리는 옷도, 차도, 다양한 굿즈(Goods)도 구입하세요!"

이런 제안으로 가득했다.

렉서스 판매장에서 판매되는 상품들은 왜 그 매장에 있는지를 역으로 생각해봤다. 그 매장에는 갑과 을이 없다.

콜라보레이션이 있었다.

여러분의 영업적 콜라보레이션 친구를 찾아보라!

소개를 통한 고객 발굴은 소개자의 신뢰를 함께 가져오는 것이기 때문에 클로징에 있어서 가장 중요한 사람의 마음을 절반은 얻고 시작하는 것이다. 여기서 유의사항은 소개해준 사람에게 피해가 가지 않도록 소개받은 사람에게 이익과 혜택을 줄 수 있도록 최선을 다해야 한다.

풀리지 않는 고민의 답을
타 업종에서 찾을 수도 있다

우리가 바둑이나 장기를 두다 보면, 카드나 화투를 하는 경우라도(나는 할 줄 모르지만) 게임에 참여하고 있는 참가자가 아무리 머리를 써도 풀리지 않은 방법이 있다. 재미있는 것은 이런 게임을 옆에서 지켜보는 관중들(갤러리)은 흔히 쉽게 이렇게 이야기한다.

"에이, 요렇게 하면 될 텐데."

희한한 것은 이런 방법이 묘수인 경우가 많다는 것이다.

어떤 업종에서 어떤 상품을 판매하는지를 떠나서 타 업종에서 나의 고민을 해결할 방법도 상당히 많다.

타 업종 판매자들과 교류를 통해 판매의 장도 넓히고, 마케팅적인 고민도 얻는 기회를 가져보기를 권한다.

◆

진검 승부가 필요한 곳에
집중할 시간을 확보하라

앞서 수주원에 대한 이야기, 타 업종과의 교류를 통한 콜라보레이션 등을 이야기했다. 그렇다면 원천적으로 판매자들은 '왜? 사람을 많이 만나려고 해야 하는가!' 그 이유는 간단하다. 매우 뻔한 이야기다.

만나는 모든 사람이 설득되지 않기 때문이다.

심지어 확률이 1~2% 이하라고 해도 과언이 아니다. 1% 구매자를 찾아나서는 과정을 통해서 실구매자를 찾기 위해서다.

나의 업종인 부동산 업에서도 마찬가지다. 만난 많은 사람의 명함을 쌓고 그중에서 진짜 구매자, 가망고객을 구분해본다고 생각해보자! 가망고객, 실구매자를 만나야만 협상도 하는 것이고 가진 여러분의 영업력도 빛을 발하는 것이다.

진짜 고객을 만나서 진검승부가 시작되면, 넓혀 나가는 영업 행위는 좁혀 나가는 영업 행위로 전환된다. 진짜 고객을 찾는 영업 과정은 옆으로 넓혀 나가는 행군의 과정이지만, 진짜 고객이 수면 위로 올라오면 그 고객이 구매를 확정지을 때까지 몰아붙여 판매를 마무리지어야 한다는 것이다.

클로징 능력을
10배로 키우는 방법

클로징(Closing)을 뭐라고 표현하면 좋을까?

내가 즐겨보는 일본 드라마 〈집을 파는 여자〉에서 주인공이 중개업무를 진행하다가 중간에 "왔다, 됐다" 이렇게 표현하는 장면이 왔다. 정확한 표현으로는 "넘어왔다!"가 더 맞는 거 같은데, 진행 중인 고객이 계약하기로 할 것 같은 느낌을 받을 때 이런 표현을 한다.

고객이 나의 제안을 받아들여서 넘어오는 그 순간을 나는 클로징이라고 표현하고 싶다. 내가 처음 부동산 일을 배울 때, 나의 선배들은 인위적, 강제적 클로징 방법을 가르쳐주셨다. 인위적 클로징은 어떻게 보면, 너무나 효과적이다. 고객에게 망설임을 줄여주고 밀어붙여 계약하게 만드는 방법이다. 심지어 계약한 사람조차 본인이 그 집을 왜 구매해서 이사하는지 느끼지 못할 정도로 급하고 얼떨떨하게 진행해버리는 방식이다.

인위적 클로징도 여러 가지 이유를 들어 사용하는데, 한 가지는 판매자(중개자) 스스로 마음속에 너무 좋은 상품이라고 느껴서 밀어붙여 판매해도 구매자가 만족할 것이라 강하게 믿는 것이다. 좋은 상품을 영업 실력자(판매자)가 판매할 때인 것이다.

나머지는 마음속에 좋은 상품이라고 판매자가 느끼지는 못하지만, 판매 능력은 탁월해서 망설이는 구매자에게 사도록 밀어붙이는 방식이다.

나는 후자는 좋지 않다고 생각하지만, 세상에는 이런 후자의 인위적 클로징도 많이 사용된다. 판매하는 상품의 가격이 높지 않은 경우에는 많은 부분에서 이런 인위적 클로징이 일어난다. 잘못 산 것을 후회하는 구매자도 금액이 높지 않으니 그러려니 하면서 쓴웃음을 짓고 넘어가게 된다. 그러나 금액이 수천만 원, 수억 원에 이르는 상품을 인위적 클로징을 사용해 판매하게 되면 향후에 법적인 문제를 발생할 수도 있으니 권할 수 없는 방법이다.

가장 좋은 클로징 방법은 무엇일까?

가장 좋은 방법은 역시 자연스러운 클로징이다. 고객 스스로 설득당하고 납득해서 자의에 의해서 '사겠다는 의사'를 밝혀 판매되는 방식이다. 누구나 다 좋다고 생각되는 상품도 이런 경우에 들 것이다. 오랜 판매자(영업사원, 중개자)의 제안과 설득이 '완성'되어서 이렇게 구매 의사가 생기는 경우도 있을 것이다. 진짜 '선수'라고 불릴 만한 고수들의 판매는 '자연적인 클로징 방법'이다. 고객으로서는 스스로 판단해서 구매하는 것이 되지만, 실제로는 고수의 인위적 클로징을 '기쁘게' 받아들인 결과라고도 볼 수 있다.

나는 가장 마지막에 언급한 '기쁘게 받아들여 자연스럽게 보이는 인위적 클로징'을 선호한다. 마냥 자연스러움을 추구하면 판매되는 상품이 적거나 없을 것이다.

고객과 처음 만나 고객의 소리를 잘 듣고 필요한 것들을 찾아내서 적재적소에 가려운 곳을 찾아 긁어줘야 '호감'을 만들 수 있다. 사람의 마음을 얻는 과정에서 상품 판매는 결국은 상품 판매가 아니라 사람의 마음을 얻는 것이다. 그 마음이 나를 위해 무언가 해주고 싶은 마음으로 이어져서 자연스러운 클로징이 되는 것이다. 그런 호감을 느낀 사람을 만들어가는 과정이 '영업'이다.

본캐에 못지않은
부캐들을 운영하는 N잡러

현대사회는 당연히 맞벌이를 선호한다. 한 사람이 소득원
도 다양하게, 새로운 비즈니스에 대한 지속적인 관심과 적용
을 해야 한다. 어지간해서는 살기가 힘든 세상이다.

소득원을 다변화하는 것은 너무나 중요하다. 내 주변에도
주식 투자, 비트코인 투자, 부동산 투자 등 다양한 채널로 투
자를 하는 사람들이 있다. 솔직히 수익을 냈다고 행복해하는
사람은 안 보이고, 다 돈이 잘못되었다고 이야기하는 사람들
이 많다.

N잡러를 꿈꾸는 사람들에게 제안하고 싶은 투잡, 쓰리잡은
자신의 직업과 연관된 분야에서 찾아서 적게 시작해서 점차
늘려가는 것이다. 부캐(부업)이 본캐(본업)을 넘어서는 매출이
나오면 그때 더 늘리거나 전업하라고 권하고 싶다.

나는 부동산 업을 하면서 부동산 책을 쓰거나, 부동산 강의를 학원이나 학교로 출강하는 등 내 업에서 연장선에 있는 부분들은 부업처럼 즐겁게 진행하고 있다. 월세를 받는 건물을 구매하는 것은 본업에 큰 영향을 미치지 않는다. 내가 부동산 업으로 정신이 없이 몰입하고 살고 있는데 주식이나 타 업종에 투자를 하지는 않는다는 뜻이다. 그리고 재미있는 것은 부동산 업을 하는 사람들은 기대 수익률이 높기 때문에 은행에 적금을 넣거나 그런 수동적 투자는 하지 않는다. 나도 평생 적금을 들어본 적이 없다. 은행원이 이런 이야기를 할 때가 있다. 이 계좌에 그냥 넣지 말고 투자 상품에 가입해보라고 권할 때가 있다. 내 대답은 항상 "안 합니다"이다.

무엇보다 내가 중요하게 생각하는 부업, 수익의 포트폴리오는 나의 본업을 하는 데 있어서 정신적 혼선을 주거나 시간을 일부러 쓰게 만드는 것은 하지 않는다는 것이다.

• 3장 •

사람에 대한 이해가
가장 중요하다

스스로 분석해서
원하는 나를 만든다

나를 가장 잘 아는 사람은 바로 나 자신이다.

'무언가를 팔아야 하는 판매'를 직업으로 영업을 해야 하는 사람은 영업인의 마인드를 지니고 있어야 한다. '판매왕, 우수 영업사원'이 가진 공통점을 나도 갖고 있어야 성공적인 영업이 될 것이라는 말이다.

게으른 성격의 소유자인데 영업으로써 고소득을 꿈꾼다?

헛꿈으로 끝날 것이다.

자신을 부지런하게 만들어야 한다.

자신이 알고 있는 자신의 게으름을 일순간에 없애버릴 방법을 만들라는 말이다.

이 책을 읽고 있는 지금 이 순간, 본인이 대성하지 못할 이유를 나열해보라.

그 실패 요인을 어떻게 하면 없애 버릴지 연구하고 실생활에 당장 적용해야 한다.

우리 회사 영업 에이전트(공인중개사) 입사 상담(면접)을 할 때, 나는 이력서의 학력보다 경력과 집 주소를 제일 먼저 본다. 집이 원거리이면 어떻게 새벽에 나올지를 물어본다. 특히 경기도를 벗어나는 경우는 필수다.

대답이 "이사할 겁니다"라면 학력과 주요 경력을 다시 본다.

그런데 대답이 "새벽에 더 일찍 나와야죠"라면 이사하든지 아니면 사는 동네에서 부동산 일을 하시라고 이야기한다.

그 이유는 간단하다.

100% 실패하기 때문이다.

어떤 일을 새로 시작하는 사람은 처음 몇 달 정도는 자는 시간 말고 하루에 15시간 이상 일해야 한다고 생각한다. 출퇴근에 3~4시간을 쓰면서 영업사원으로 성공하는 사람은 본 적이 없다. 그러면 다른 요인도 이야기를 해보자! 최고의 영업인되기 위해서는 판매하는 상품에 대한 이해도가 그 상품을 만든 사람 수준으로 높아야 한다. 공부는 필수다. 판매하는 상품에 대한 이해도가 최고 수준이어야만 구매자를 설득할 수 있다. 설득 과정에서 나올 만한 고객의 거절과 반대에 효과적으로 대답하고 대응할 수 있어야 하기 때문이다.

정리해서 이야기하자면, 당신이 영업인으로 성공하기 위해 갖춰야 하는 가장 중요한 준비는 성실함과 공부다.

동료에 대한
이해도를 높여라

오늘도 신입사원 교육 첫날 이런 이야기를 했다.

"여러분, 옆자리에 앉은 동료의 얼굴을 보십시오! 부동산 중개를 업으로 삼고 있으니 매도자, 매수자, 임대인, 임차인이 고객이라고 생각하겠지만 진짜 중요하고 큰 고객은 바로 옆자리 동료입니다."

사람들은 자신의 바쁜 일상을 살면서 옆자리를 쓰는 동료, 옆집에는 아무런 관심도 없어 보이지만 실제로는 다 지켜보고 있다. 사람이 열심히 사면서 일을 늘려나가다 보면 어느 순간 목구멍까지 무언가 꽉 차올라서 숨도 쉬기 힘들 때가 온다. 그렇다고 계약 진행 건수나 판매 기회를 날려버릴 수는 없지 않은가? 그때 열심히 하는 사람은 주변을 본다. 내 일을 나처럼 해줘서 기대수익이 버려지지 않고 나에게 남기를 바란다. 그렇게 선택하는 사람은 내 주변에서 평소에 매일 보고 있는 성실하고 늘 공부하는 그런 사람이다. 심지어 그 사람이 신입이라 아직 큰돈을 벌거나 실적을 보이지 않는다고 하더라도 말이다.

버려질 기회를 열심히 하는 동료를 통해서 수익화한다!
옆자리 신입은 열심히 한다는 인식으로 남의 진행 건을 받아 수익을 나눈다.

정말 재미있는 인간사는 그렇게 넘겨주고 넘겨받아 수익화가 되는 순간, 이 두 사람은 형제, 자매, 누나, 오빠, 친구가 된다는 사실이다. 그리고 더 나아가 앞으로 일이 있을 때마다 같이하는 비즈니스 파트너가 된다.

이런 파트너 관계에서 선배는 선생님이 되어주고, 후배는 초심자의 운과 새내기의 결기로 게을러지려는 선배가 놀지 못하도록 새로운 고객을 계속 공급해주는 역할을 하게 된다. 그야말로 상생이요, 시너지다.

1+1=3~5 이것이 시너지다.
1+1=1 이런 계산이 나오는 상황을 피하라!

아군인 척하는
적군을 조심해라

일을 배운다는 관점에서 잘해준다는 것은 무엇일까?

드라마 제목처럼, 밥 잘 사주는 선배? 잘해주는 건 맞지만 질문의 답은 아니다. 격려와 독려를 해주는 선배나 동료가 참 선배이고 동료다. 더운 여름에 외근 다녀온 신입 직원에게 물을 한잔 건네주면서 고생한다고 격려하고 "아직 3시인데 고객 더 만나러 나가라" 이렇게 이야기해주는 선배 말이다. 어렵게 꼬인 계약으로 고민하는 후배에게 일을 가르쳐주는 선배, 업무량이 적어 보이는 후배를 야단쳐주는 선배…. 이런 사람들이 좋은 동료다.

열심히 하지만 잘 안 풀리고 있는 후배에게 "너무 초조해하지 마라! 다 때가 있다. 쉬엄쉬엄해라! 건강 챙겨라!" 하는 사람들은 말에는 사랑이 넘치지만 상대하면 안 되는 동료다. 영업사원은 판매를 못 하면 죽는 직업이다. 앞서 말하기도 숨이 목구멍을 막을 정도로 숨이 막힐 정도로 자신을 스스로 몰아붙이라고 이야기했는데, 그 빠른 발걸음을 멈추게 만드는 동료가 보인다면 멀리하기 바란다.

아군이 아니라, 적군이다.
이런 적군들의 속내는 뻔하다.

일해야 한다고 이성적으로 생각하지만….
주변에 열심히 하는 사람을 보면 자신도 그렇게 해야 한다고 생각하지만….
게으름 같은 이유로 못하고 있을 때, 그들은 같이 놀 사람을 찾게 된다.

사실은 그들은 놀면 안 된다는 것을 이성적으로 알고 있다.
재미있는 것은 일을 안 할 거면 혼자 안 하고 영업을 망치면 되는데 같이 망할 사람을 꼭 찾게 된다는 것이다.

그런 사람의 놀이 파트너가 되지 마라!
둘 다 영업 인생을 종 치는 것이다.
그런 사람을 영어로 배드 바이러스(Bad Virus), 에너지 뱀파이어(Energy Vampire)라고 부른다.
겪어보면 과한 표현이 아님을 알게 될 것이다.

옆자리 동료가
가장 큰 고객임을 잊지 마라

앞서 에너지 뱀파이어에 대해 이야기했고, 가장 큰 고객은 옆자리 동료라고 이야기했다. 나에게 호감을 보이는 사람은 같이 일하고 싶어진다. 과거에 큰 수수료 수익을 벌었던 계약들을 하나씩 머리에 떠올려보면 나 혼자만이 아니라 함께한 동료가 있었다. 그 동료들은 친해서 같이 일하게 된 사이가 아니다. 심지어는 같이 근무한 지 수년이 지난 사이라고 하더라도 그냥 옆자리에 존재만 한다면 영업인으로서 존재감은 생기지 않는다. 같이 일하고 싶은 사람, 같이 좋은 결과를 내본 사이 그런 것이 동료다. 그런 동료는 인생을 바꿔줄 만한 귀인이 되어준다.

그런 귀인이 되도록 노력해야 한다.
어찌 이런 이치가 영업사원에게만 해당하겠는가?

어느 곳, 어느 직장에서 일하더라도 마찬가지다.

좋은 나쁨은 주변에서 모두 보고 있다는 것을 명심하자!

금과 같은 시간을
동료나 후배에게 투자하는 이유

세상을 살다 보면 나이를 먹을 때마다 무언가 한정적인 수명이라는 생각을 하게 된다. 젊은 나이에는 오늘 자고 일어나 내일이 당연히 와야 한다. 사실 많이 남은 시간처럼 느껴져서 그렇지 인생은 생각보다 짧다. 내가 이 글을 쓰는 2024년 12월 9일 월요일은 어제 내가 각오하고 출근했던 것들을 모두 마치고 끝난 상태다. 저녁이 되었다. 마음속에 오늘 아침 신입교육, 영업사원 전체 회의, 계약 진행 건들을 공인중개사 여러 명과 협의하고 8층, 9층, 10층 우리 회사를 오르락내리락하면서 마쳤다.

기억이 생생하다.

오늘 하루라 생생하겠지만, 내 마음속에는 중학생 시절 학교 운동장에서 친구들이랑 놀았던 그때의 운동장 먼지도 생생하고 성적이 나쁘게 나온 날 부모님께 복날의 ○처럼 밤새 맞았던 기억도 생생하다. 이 글을 쓰면서 찌릿찌릿 통증이 온다(ㅎㅎㅎ). 그러나 지금은 50살이 넘어버렸다. 나이를 정확하게 세는 것을 이제 멈춰야 할까 보다. 이렇게 장황하게 과거, 시간 이야기를 하는 이유가 있다.

이미 돌아가신 스티브 잡스, 이건희 회장 등 이런 유명하고 엄청난 부를 이룬 분들이 돈이 없어서 돌아가신 것이 아니지 않은가! 사람의 수명이 부자, 빈자를 가리지 않기 때문이다. 이건희 회장의 1시간과 나의 1시간, 여러분의 1시간은 물리적으로 같다. 그러나 쓰는 방법이 다르다. 가끔은 가늘고 길게 살고 싶다는 사람들이 있다. 그 사람의 가치관이다. 나는 가늘게는 살고 싶지 않다. 짧게 살다 죽겠다는 뜻은 아니다. 유한한 삶은 정말 소중히 써야 한다.

이런 귀한 시간을 누군가에게 투자한다고 생각해보자!
나는 수많은 사람을 가르쳤다.
내가 투자한 시간이 아깝지 않고 오히려 청출어람 같은 사람들 덕에 행복감도 많이 느꼈다.
반대의 경우도 많다. 더 많다.
(욕은 하고 싶지 않다. 그러나 투자한 시간을 고려하면 배은망덕하다고 생각한다. 내가 욕하고 싶은 사람들에게 투자한 시간은 상당하기 때문이다. 어떻게 보면,

좋은 사람들이나 좋은 결과물을 만들기 위한 과정이라고 생각할 수밖에 없다는 생각도 든다.)

왜 소중한 시간을 투자해서 사람을 키우려 하는가?
그 이유는!

큰일을 도모하기 위해서 인생을 같이 걸어갈 길동무가 필요하기 때문이다.
사람은 혼자 살 수가 없다. 인생이든 일이든 마찬가지다.

영업조직에서 사람을 키우고, 직장에서 후배를 가르치는 것은 근시안적으로는 일을 나눌 사람을 만드는 것도 있지만 더 크게 생각해본다면 '업에서의 동반자'를 찾기 위한 이유다. 일부러 시간을 내고 사람에게 공을 들이는 이유인 것이다.

"당신은 누구에게 당신의 시간을 투자하고 있나요?"

고객을
어렵게 대하지 마라

: 1,000억 부자도 그냥 동네 아저씨일 뿐이다

25살 때인가? 학교를 졸업하고 부동산 일을 처음 시작했을 때의 기억이다. 학교를 언제 졸업했는지 기억이 잘 안 난다. 그럴 나이가 되었다. 25살의 나에게 아버지가 이런 말을 해주셨다. "돈이 많은 놈이나 없는 놈이나 같은 사람이다. 쫄지 말고 영업해라!" 물론 내가 순화한 것이고 더욱 거칠게 이야기하셨던 기억이다.

가끔 대단한 사람을 만나러 갈 때면, 이 이야기를 떠올리고 고객을 만난다.

'자기가 부자면 부자지, 내 돈도 아니고, 나한테 그 돈을 줄 것도 아닌데, 내가 건물을 채워주겠다는데, 내가 그렇게까지 설명했는데 전속을 안 줘? 그럼, 나도 당신 건물 거래 안 해.'

내가 기본적으로 깔고 있는 생각이다.

후배들이나 부하직원들에게도 이런 이야기를 한다.

"고객만 우리를 선택하는 것이 아니다. 우리도 고객을 선택해야 한다. 이상한 사람은 돈이 아무리 많아도 그 사람의 일을 맡아오지 마라!"

단, 내 서비스 품질에 대한 자부심과 실력을 담보로 그런 사고를 하라는 의미다. 나도 꼬마일 때는 일을 맡겨주면 감지덕지하면서 일했고, 고객이 나를 화풀이 대상으로 대해도 당해주면서 '돈'을 받아오기도 했다. 그런데 어느 순간 이런 생각을 했다. '이렇게 서울에 건물이 많은데 좋은 건물주도 얼마나 많은가.' 내가 열심히 고객 만나러 다니면서 좋은 건물주 일만 받아서 해도 되는데, 뭐 하러 나쁜 사람 일까지 해야 하느냐는 말이다.

내가 내린 영업의 또 다른 정의는, '좋은 건물주를 만나기 위한 여정'이라고 생각한다. 이런 마음을 마음속에 깔고 고객을 대할 때, 어려워하는 것이 아니라 편하게 대하게 되었다. 30대면 후배처럼, 40~50대면 친구처럼, 60대면 형이나 누나처럼, 70대면 삼촌처럼, 80대면 부모님처럼 말이다. 이건 농담인데, 인격이 높으시고 나에게 큰돈도 벌어주신 오래된 고객님의 경우에는 나는 부처님처럼 생각한다. 편하게 대하면 고객도 나를 편하게 대해 주신다. 단, 그 고객의 믿음에 일의 성과와 고객의 이익에 대해 꼭 보답은 해드려야 한다. 물론 편하게 대하라는 것은 예의를 다 갖춘 기본적인 상황에서다.

나를 신뢰해야
'계약'을 해준다
: 결국 신뢰를 하게 된 사람이 상품을 구매한다

　내 직업은 부동산 컨설턴트다.

　우리 일을 오래 한 사람이라도 '계약'은 부동산을 사고파는 행위로만 생각하는 경우가 있다. 나는 부동산을 거래하는 것이 아니라고 생각한다. 사람의 신뢰를 사고파는데 덤으로 부동산이 오가는 것이다. 부동산 중개적인 측면에서 이야기하자면, 공인중개사나 소속 부동산 회사를 믿고 마음을 연 고객이 자신의 거래를 진행하는 것이다. 그런 믿음 없이 수십억 원, 수백억 원의 부동산을 믿지 못할 사람이 권한 가격과 처음 보는 사람을 만나서 사고판다는 것은 있을 수 없는 일이다.

　물론 서류나 공인된 각종 자료가 있어서 사기당할 일은 많지 않겠지만, 아무리 금전적으로 안전한 거래라도 진행하는 중개사나 사겠다는 매수자에 대한 믿음이 없으면 거래는 좀

처럼 성사되지 않는다.

고객을 처음 만날 때, 상품 설명에 대한 의욕과 나의 잘남을 어필하기에 앞서서 고객의 이야기를 들어주고 공감해주며 친밀감을 형성하는 것이 중요하다. 심지어는 거래의 프로세스는 단순한데 고객의 마음을 얻는 데 수일, 몇 주, 몇 달을 쓰기도 한다. 마음이 열리면, 도장 지갑이 열리고, 인주 뚜껑이 열린다. 간혹 천만금을 가져와도 사겠다는 사람이 마음에 안 든다고 부동산을 안 파는 사람을 수없이 봐왔다.

거래하면 수수료가 생기는 부동산 중개사무실 입장에서는 미칠 노릇인데, 나중에는 알게 된다. 문제는 믿음을 주지 못한 나라는 것을 말이다.

존중하지 않는 사람은
두 번 만나지 마라

인상 깊게 읽었던 책이 있다.

악의 평범성에 대한 개념을 제시한 《예루살렘의 아이히만》이다.

악의 평범성은 독일계 미국 정치 철학자, 한나 아렌트(Hannah Arendt)가 1963년 이 책을 출간하며 제시한 것이다. 아렌트는 악을 저지르는 사람이 특별히 악인이 아니라 평범한 사람이라며, 스스로 옳고 그름을 판단하지 못하고 누군가 시키는 대로 그냥 해버리고 잘잘못을 이해하지 않은 것이 악을 저지르는 이유라고 설명한다.

아이히만은 2차 세계대전 당시 독일군으로 수많은 유대인을 가스실로 보낸 사람이다. 전후 법정에서 왜 그런 행동을 했는지 잘못에 대한 심판을 묻는 과정에서 "자신은 그냥 시키는 대로 한 것이고 잘못이 없다"라고 대답했다. 정신적으로 매우 정상이었고 일상도 매우 평범한 사람이었다고 한다. 사람은 악을 저질러도 본인이 악을 저지르는지 모르는 사람도 많다. 나쁜 행동을 타인에게 하는 사람은 나에게만 그런 행동을 하는 것은 아니다. 인성이 바로 선 사람은 처음 만난 사람에게도 인간의 기본적인 예의를 갖추고 대한다.

"알고 보면 좋은 사람인데, 김 부장님이 원래 친해지면 잘해주시는데 처음 만나서 그렇게 말씀하신 것이니 이해하세요."

우리가 일상을 살면서 자주 접하는 표현이다.

하지만 이건 아니라는 것이다. 좋은 사람은 처음 만난 사람에게도 친한 척까지 하지는 않겠지만 예의를 저버리지는 않는다는 것이다.

영업을 한다는 것!

사람을 면대면으로 상대하면서 무언가를 판다는 것은 정도의 차이가 있지만, 일상에서 매일 일어나는 일이다. 사람이 살면서 제일 힘들어하는 일이 모르는 사람을 처음 만나는 것이라고 한다. 그것도 자신의 필요에 따라 자신의 의도로 만나는 것인데도 말이다.

편의점에서 처음 만난 점원(판매원)에게 함부로 말하며 돈이나 카드를 던지고 반말하는 사람들이 많다. 술을 마시고 와서 행패를 부리는 사람도 많다. 그런 행동을 하는 사람이 회사에서 좋은 사람이고 집에서는 좋은 가장일 것이라고 생각하지 않는다. 좋은 사람은 처음 만난 편의점 아르바이트생에게도 기본적으로 사람으로 해서는 안 되는 일은 하지 않을 것이다. 이런 측면에서 영업인들도 자신의 고객을 선택해야 한다.

나는 부동산 업을 처음 시작하는 신입 공인중개사들에게 처음 일을 시작할 때 본인의 영업지역에서 폭발적으로 많은 사람을 만나도록 노력하라고 한다. 영업인들이 많은 사람을 만나는 궁극적인 이유는 두 가지다. 거래 가능한 고객을 찾기 위해 확률을 높이기 위함이고, 또 한 가지 더 중요한 이유는 좋은 사람과 나쁜 사람을 구별하기 위해서다.

부하직원들에게 나도 많이 하는 말이 있다. 나쁜 사람의 건물은 전속을 달라는 이야기 자체도 하지 말라는 것이다. 영업인들도 고객을 선택해야만 한다. 그래야 마음의 평화가 유지되고 오래 그 일을 해낼 수 있다.

남산에 올라가 아래를 내려다보라! 얼마나 빌딩이 많은가? 그중에 나쁜 인성의 사람이 가진 부동산까지 거래하면서 돈을 벌 필요는 없다.

마음속에 있는
본심을 찾아내라

앞서 이야기한 좋은 인성의 사람을 찾아내고 그 이후에 영업해야 한다고 이야기를 했다. 물론 영업적 측면, 매출이라는 것을 생각하면 나쁜 사람이지만 감수하고 일을 하는 경우도 많기는 하다. 그렇다면 어떻게 좋은 인성, 나쁜 인성을 알아차릴 것인가?

처음 만난 사람이 어떤 생각을 하고 있는지, 어떤 필요에 의해 나와 대화를 하고 있는지, 심지어 어떤 커피 취향인지, 외모에서 풍기는 느낌상 어떤 패션 감각을 지녔는지…. 고객이든 아니든 사람을 처음 만났을 때, 상대방이 어떤 사람인지를 파악하는 것과 대화를 시작하면서 나와의 만남에서 어떤 태도를 보이는지, 처음 만났지만 원래 알던 사람처럼 자연스럽게 이야기를 풀어갈 수 있도록 대화를 이끌어나갈 것인지…. 이런 과정을 통해서 대화를 이어나가다 보면 상대방의 마음속 본심을 파악할 수 있다. 파악할 수 있어야 한다.

　가장 효과적인 방법은 처음 만난 사람과의 만남에서 1시간을 이야기한다고 가정하면 60분 중 내가 하는 이야기는 10~15분 이내로 하고 나머지 시간은 상대방의 이야기를 들어야 한다. 내가 하는 이야기 10분은 대부분 질문과 공감으로 이루어지게 하는 것이 좋다. 상대방이 본인의 이야기를 내 질문을 듣고 하다 보면 스스로 본인이 필요로 하는 것, 현재 무엇이 불편하고 불만족스러운지 알게 된다. 때로는 고객이 TMI(Too Much Information, 지나치게 많은 이야기)의 성향이라면 더욱 좋다.

　때에 따라서는 첫 미팅에서 고객의 니즈(Needs), 인성, 구매 가능성 유무를 모두 판단할 수 있다. 구매의 걸림돌이 되는 나의 제안이나 내가 판매하는 상품에 대한 반대 이유를 알게 된다. 나는 공감과 다른 질문을 통해 두 번째 만남에서는 고객의 입에서 나온 반대를 극복할 제안을 만들어서 만날 수 있고, 판매(계약) 성공률을 높일 수 있게 된다.

시간을 낭비하는 사람을
멀리하라

고객과의 첫 미팅에서 제대로 고객의 이야기를 듣지 않고 판매자가 자신이 판매하려는 상품의 장점, 본인 회사나 판매자 자신의 우월함을 자랑하는 이야기를 위주로 미팅을 전개하고 끝낸다면 두 번째 만남을 고객이 원하지 않을 것이다.

내가 코칭하는 신입 공인중개사들도 이런 과정을 대부분 거친다. 의욕이 앞서 자신을 어필하고 상품 판매를 유도하다 보면, 정작 고객의 필요성과 속내를 파악 못 하기 때문에 시간 낭비가 된다. 때에 따라서는 잘못된 시그널을 접수하고 절대 구매할 사람이 아닌데, 고객 상담 차트를 열심히 만들어서 관리하기 시작한다.

내가 처음 부동산 일을 시작할 때, 나의 사수인 옥 대리님은 수시로 고객 상담 카드를 보면서 나의 고객과 만난 상황을 본인에게 설명해보라고 말했다. 내가 말한 내용을 토씨도 빼지 말고 말해보라고 해서 난처한 적이 많았다. 이야기를 듣고 나서는 심할 때는 욕하면서 내 고객 상담 카드나 명함을 찢어버리기도 했다. 지금 생각해보면, 선배는 알고 있었던 것이다. 그 사람이 내 시간만 낭비하리라는 것을 말이다.

우리는 각자 수익을 내기 위해 일하는 세일즈맨이다.
세일즈맨에게 시간은 돈보다 중요하다.
모든 사람에게 공통적인 이야기일 것이다.

에너지 뱀파이어
근처에 가지 마라

사람에게 뱀파이어라는 표현을 쓰는 것은 조금 미안한 표현이다. 예전에 직장생활 중에 나도 누군가에게는 에너지 뱀파이어가 된 적이 있고, 나도 많은 뱀파이어들을 만났다. 재미있는 것은 무슨 영화 제목처럼 뱀파이어들끼리 만나는 경우도 많다. 금상첨화를 이루면서 시간이 눈보라처럼 사라지고 망조가 드는 것이다.

뱀파이어 같은 사람을 만나면 피를 쪽 빨리듯, 기를 쪽 빨리게 된다.

출근 후, 동료와 커피 한잔하거나, 담배라도 피우러 건물 밖에 나가서 대화했다. 이런저런 이야기를 즐겁게 하고 나서 마냥 허무하거나 다음에 이런 이야기 말아야지 하는 후회 같은 것들을 느낀 사람이 많을 것이다. 누구와 이야기만 하고 나면, 기가 빨리고 상사나 부하 욕만 하다가 끝난 대화 등 이런 것들은 정말 의미도 없고 할 필요가 없다. 발전적이고 긍정적이지 못한 대화, 즐겁지 않은 대화를 반복해서 하게 되는 인간관계가 주변에 있다면 멀리하자!

영업적 측면에서는 열심히 일하고, 일찍 나오고, 주말에도 나와서 일하는 사람에게 "천천히 해라", "급하게 한다고 돈이 벌리는 것이 아니다", "다 때가 있다" 이런 이야기를 나를 위해주는 척하면서 실제 같이 놀게 만드는 사람은 분명 에너지 뱀파이어다. 나의 열정의 불을 더 크게 만들어줄 사람만 주변에 두도록 노력하자! 나에게도 하는 다짐이다!

• 4장 •

더 큰 꿈을
가슴에 품어라

혼자서는
큰 꿈을 꾸지 못한다

멀리(크게) 떠나고 싶다면, 동반자를 구하라는 말이 있다.

어떤 직업을 갖고 있든지, 동료(나는 나까마라는 표현을 좋아한다)가 필요하다. 같은 회사 다니는 사람이라고 동료는 아니다. 동지에 가까운 사람이다.

'같이 일을 저지를 사람'이라고 해두자!

내가 하는 부동산 업에서도 작은 사무실 임대차, 꼬마빌딩 매매 등 일반적인 중개업무는 혼자서도 할 수 있다. 우리가 흔히 동네에서 보는 1층의 중개사무실들을 보면 대부분 혼자 일하거나, 부부가 일하거나, 직원이 있어도 1~2명 정도가 같이 일하는 경우가 많다. 미국인들이 이런 작은 중개사무실을 '마미+파파' 중개사무실이라고 부르기도 한다.

밥은 먹고 살 수 있다.

그런데 부동산 업을 시작하면서 또는 다른 직업이라도, 그냥 샐러리맨이 아니라 사업개념인 영업직, 인센티브로 수익을 얻는 위촉직들은 밥을 먹고 살려고 그 직업을 선택하는 것은 아니다.

과거에 어린 나이임에도 회사가 아니라 영업을 선택한 사람들이 내 팀원 중에는 많았다. 나도 26살에 월급쟁이가 아니라 영업사원으로 부동산 중개, 컨설팅을 했다. 돌이켜보면, 내가 계약한 큰 건, 수수료가 큰 건 등 돈 되는 일들은 항상 같이한 동료가 있었다. 규모가 큰 부동산 거래는 변수도 많고, 시작해서 계약까지 6개월, 1년, 2~3년이 걸리는 업무들도 허다하다. 혼자서 감당하기에 버거운 규모의 빌딩들이나 토지 거래에는 단순 중개로는 처리하지 못하는 상당한 변수들이 있다.

관여되는 사람들의 직업도 다양하다. 규모가 있는 부동산 계약에는 중개사가 변호사를 쓰기도 하고 부동산 가격도 매도, 매수자가 각각 감정평가를 받기도 한다. 계약 조건을 협의하고 계약서에 글자로 앉혀 나가는 과정이 정말, 정말, 정말, 정말, 정말 어렵다. 그런 큰 거래를 위해서는 손발이 척척 맞고 마음속을 서로 들여다보는 동료가 있어야 하는데, 그런 동료가 그냥 어디서 나타나서 생기는 것이 아니다.

어떻게 보면, 좋은 동료는 옆에 있는 사람이 서로서로 만들어가는 것이다.

그래서 나는 인생에서 가장 큰 영향을 줄 수 있는 동료는 고객이 아니라 옆자리를 쓰는 직장 옆자리 사람이라고 이야기하는 것이다. 그렇게 만난 한 명이 큰일들을 같이하고 더 큰일을 하게 되면서 3명이 같이하고, 4명이 같이하고…. 조직이 되어가는 것이다. 때로는 인위적으로 조직을 만들어 내부에서 매칭이 일어나기도 한다. 결론은 혼자서는 큰일을 할 수 없다는 것이다. 전쟁 준비의 첫 단계는 훈련병 모집, 정예군으로 훈련하기, 전투 연습과 이론 습득, 약한 전투에 투입, 전투력 상승 후 실전 배치, 독자적 전투 수행 그리고 큰 적(고객, 일거리)을 만났을 때, 협력해 물리쳐야(계약) 한다.

신입 직원이 입사하면 물 밑에서 신중하게 시켜보고 있던 선배들은 신입 중 나의 동료가 될 싹수(떡잎을 가진 사람)를 보고 함께 해보자는 권유를 하게 된다. 영업조직에는 이런 경우가 많은데 그렇게 같이 일하게 되면 선배들은 자신의 시간도 노력으로 후배들을 가르치고 훈련시킨다. 선배의 상당한 에너지, 시간, 금전적인 투자가 후배들에게 들어간다. 그 이유가 바로 좋은 인재와 함께해야 시너지가 난다는 것을 알기 때문이다.

결국은 이것이 사람에게 투자하고 나의 동료를 늘려서 조직을 만드는 이유다.

시너지=1+1=3~5

반복해서 강조해본다.

옆을 잘 살펴라!

나와 열정의 불을 활활 태울 사람을 찾아라!

수단과 목적을
혼동하지 마라

왜 일을 하는가?

왜 돈을 벌어야 하는가?

그 목적이 사람마다 있을 것이다.

여기서 질문이 있다! 일하는 목적이 '돈'인 사람이 있을까?

자동차를 사는 목적이 '차 자체 구입'인 사람이 있을까?

돈을 버는 이유, 집을 사고 싶은 이유, 차를 사고 싶은 이유가 그 자체인 사람이 많다. 어떤 이유로 돈을 벌어서 어디에다가 누구에게 누구와 쓸 것인지 생각해보라! 차를 사서 어디로 누구와 타고 다닐지 생각해보라! 집도 마찬가지다.

어떤 일을 시작할 때, 이런 원천적인 목적이나 마음에 품은 꿈을 생각해보지 않고 일을 시작하면 금방 지친다. 등대 없이 밤에 항구로 들어오는 위험이 늘 존재하게 만드는 것이 목적 없이 열심히 하는 것이다. 그런 사람들은 번아웃 증후군(Burn-out Syndrome)을 쉽게 겪는다. 요즘 간혹 주변에서 번아웃이 왔다는 사람들을 본다. 내 속마음으로 생각해보면, 번아웃이 왔다, 현타(현실에서 타격감, 실망감)가 왔다, 스트레스받는다고 이야기하는 사람 중에서 번아웃, 현타, 스트레스를 겪을 만큼 일하는 것을 보지 못했다. 오히려 여유로운 일상을 보내면서 그렇게 이야기하는 사람들을 봤다. 심약하다기보다는 '인생 목적'. '영업 목적'이 정립이 잘 되어 있지 않은 경우가 많다. 번아웃이나 현타가 왔다면, 스스로 물어보라! 지금 나라에 전쟁이 났는지, 죽을 만큼 힘든지를 말이다.

사람은 생각보다 쉽게 죽지 않는다.

목적성을 세운다.
'왜?'라는 단어를 늘 생각한다.

돈을 버는 것은 행복하기 위한 수단, 꿈을 위한 수단!

이렇게 생각하고 그 목적이 정말 강하고 해내기 위한 마음이 욕망으로 펄펄 끓고 있다면 번아웃이나 현타는 안 온다. 그냥 피곤한 것과 번아웃을 헷갈리지 마라! 번아웃이 왔다면서, 친구와 담배를 피우면서 대화하고 커피숍에서 수다 떨고, 주말에 놀러 다니고…. 이렇다면 그냥 피곤한 거다. 진짜 심각한 번아웃이면 돌아다니지도 못한다. '약'을 먹어야 한다.

내 직업에서
성공의 의미를 정립한다

성공이라는 단어는 정말 세상에 흔하디흔한 말이다.

일론 머스크 같아야 성공이라고 생각할 수도 있고, 도널드 트럼프(Donald Trump) 같은 성공을 꿈꾸는 사람도 있다. 때에 따라서, 돈과 명예가 아니라 삶의 가치관에 부합하는 만족한 삶이 유지하고 완성되어가는 것으로 성공의 의미를 두는 사람도 있을 것이다.

자신이 어떤 일을 하든지, 그 일을 통해 3가지 정도가 부합하면 성공이라고 부를 수 있지 않을까 싶다. 나는 보통 2가지로 '돈과 그 돈에 걸맞은 자기 성장이 맞아떨어지면 성공이 아닐까?' 하는 생각을 하고 살았다. 언젠가부터는 이 2가지에 한 가지에 더해졌다. 그것은 '이로움'이다. 나의 성공이 타인이나 사회에 이로워야 한다. 돈을 벌 때 남을 울려서는 안 되고 나의 자기 성장(명예)를 쌓을 때도 그 자기 성장이 타인과 사회를 위해 좋은 영향을 줄 수 있는 것이야 한다.

나는 막연하게 부동산 업을 하면서 일단 내가 내 가족들과 즐겁게 살 수 있는 정도의 부도 이루고 싶었다. 또한 부동산 업계에서 많은 사람을 가르치고 공부도 한다면 하면서 살아왔다. 이런 것들이 모두 종합되어 결국은 더 바르고 제대로 가르쳐서 업계에 나에게 배운 사람들이 정도를 걷는 부동산 세일즈맨으로 활동하면서 국민(?), 국민까지는 거창하고 고객들의 이익과 행복을 부동산을 통해서 주면 좋겠다는 생각을 한다.

제대로, 바르게 일하는 사람이 많은 업종은 존경받는 직업군으로 자리 잡을 것이라고 믿는다.

'부동산, 부동산 컨설팅, 중개 등'
이런 단어들 뒤에 "아하, 좋은 직업이시네요" 뒤이어 이런 말이 따라올 수 있게 하는 것이 돈 안 들이고 바르게 살고, 바르게 후배들, 제자들을 가르쳐서 실현하는 데 기여를 쬐~금(조금) 할 수 있는 방법이라고 생각하게 되었다.

이 책을 읽는 분들도 자신의 직업에서 자신이 성공할 수 있는 방법과 성공의 정의를 내려보면 어떨까?

젊은 인재를 육성하고
팀을 만들어라
: 열정 넘치는 젊은 피는 게을러진 선배를 살린다

내가 처음 부동산 일을 체계적으로 배워 나가던 시절에 싱가포르 본사에서 교육해주러 온 도널드 여 코치는 칠판에 크게 '5'라는 숫자를 썼다.

'5 Call OR Die'

이렇게 회의실 칠판에 쓰고는 코칭받는 20여 명에게 물었다.
"하루에 전화 5통 할 수 있는 사람은 손들라!"
그 방 모두가 손을 들었다.
사실 내 기억에도 내 전속 건물 여러 군데에 붙인 임대 현수막을 통해 오는 전화도 많을 때는 하루에 100통이 넘는 날도 많았다.
그런데 도널드 코치의 질문은 콜드 콜이었다.

아웃바운드 콜.

오는 전화가 아니라 거는 전화다.

그렇다 하더라도, 5통은 별거 아니다.

코치는 미소를 지으며 다시 말했다.

매일 해야 한다!

매주 해야 한다!

매달 해야 한다!

계속 해야 한다!

다시 말해서, "너희가 부동산 일을 한다면, 평생 죽을 때까지 매일 5통 할 수 있느냐"고 묻는 것이다.

(사실은 경력이 쌓이면, 1~2명의 신규 고객 접촉만 이어나가더라도 고소득이 가능하다고 생각한다. 이유는 계약 성사율이 높아지기 때문이다. 단, 이런 경우도 신입의 초심을 유지한다면, 매출에는 한계가 없을 것이다.)

많은 사람이 손을 내렸다. 우리는 알고 있었다. 그건 쉬운 일이 아니라는 것을. 그런데 이런 어려운 일을 해내는 사람들이 있다. 몇 가지 전제조건이 따른다. 이 전제조건을 잘 활용하면 '평생 5통의 아웃바운드 전화'는 가능하다. 그중 하나가 이 카테고리의 제목인 젊은 인재를 키우는 것이다. 고상하게 미국 영업 매뉴얼에 나오는 단어를 사용해보겠다.

'팀 빌딩(Team Building)'이다.
팀을 만드는 것이다.

초심자, 신입이 계속 들어오는 조직(리쿠르팅) 신입이 계속 들어오는 것과 연동해 경력자 실력 강화 교육(리텐션 = 우수한 사원들의 유지, 퇴사를 막는 성장 프로그램 등)과 교육이 이어지게 만드는 것이 영업조직 성공의 핵심 중 핵심이다.

아무리 능력이 뛰어난 사람도 시간은 사람을 게을러지게 만든다. 선배, 경력자가 아무리 게을러진다고 하더라도 병아리 새끼처럼 입을 벌리고 계속 짹짹대면서, 일을 물어보고 사고(새로운 일거리를 만들어내는 것)를 치는 신입들이 존재하는 영업조직은 멈추지 않는다. 선배나 팀장이 게을러질 시간이 없다.

반대로 신입들은 자신들이 괴롭히는(ㅎㅎㅎ) 선배들의 업무 진도 때문에 협업이 진행되면서 혼자서 첫 성과를 내는 것에 비해 빠른 성과(수익 창출, 계약 등)를 내게 된다. 빠르게 안착하고 돈을 벌 수 있다. 선배 역시 쉬려다가 깜짝 놀라 등 떠밀려 신입에 끌려다니면서 신입일 도와주고 같이하고, '같이 수익'을 내게 된다.

시너지, 상생 이런 긍정의 순환을 지속하는 것이다.

회사가 별도의 교육 시스템이 있다면, 이론을 배울 기회는 사내외로 많을 것이다. 이 세상에는 각종 노하우가 지나치게 많을 정도로 널려 있다(흔한 일이다). 성공 방법을 전 지구인이 다 한다. 일부 외계인들도 안다. 그런데 누구는 해내고 누구는 해내지 못한다. 그건 사람이 하는 일이기 때문이다. 젊은 인재를 키워야 하는 선배들의 이유이고 인재 양성을 위해 선배나 회사가 투자하는 시간은 결국은 자신을 위함이고 전체를 위함이다.

그렇게 1명이 2명이 되고, 4명이 되고, 100명도 되는 것이다. 미국에는 흔한 영업사원 수천 명의 부동산 회사를 늘 동경해오는 나의 마음은 그래서 지금도 사람을 가르치고 있다. 언제 만족할 팀이 만들어질지는 모르겠다. 근접한 적도 있었던 것 같은데 지금은 아니다. 과거 나의 팀원 중 잘하던 팀원들은 그들이 이미 각각 자신의 부동산 회사의 사장들이 되어 있다. 나는 아직도 '공포의 외인구단' 같은 똘기(돌아이 기질, 좋은 의미의 도전 정신으로 표현할 수 있다) 충만함 하나에 같이 미친 '팀'을 꿈꾼다.

팀워크가 만들어내는
진정한 시너지

팀(Team)! 이 단어를 들으면 이상하게 설레고 피가 끓고 그 런다.

나는 대학 시절 학교 친구 중 미군이나 미군 출신이 많았다. 미국 사람들도 많았고, 미군 훈련에는 '팀 스피릿(Team Spirit)이 있다.' 미국의 영업조직, 군대, 스포츠, 회사 등에서는 이단어를 참 좋아한다. 'Together wE can Achieve More!'이라는 표현도 많이 쓴다. 내가 다녔던 곳에서는 사내에서 매일쓰는 구호가 'TEAM'이었다. 미군들이 사용하는 'Togrther Everybody Achieve More, TEAM'이었다.

혼자서도 잘하는 사람들은 많지만, 여러 명이 '으쌰' 하는 '팀'을 이기기는 힘들다. 사람은 혼자 살 수가 없고 큰일은 혼자 도모할 수가 없다. 세상살이를 업종에 무관하게 크게 벌리다 보면, 경쟁자도 생기고 그 경쟁자의 규모가 큰 경우가 많다. 일의 종류 많아지고 일의 깊이도 깊어져서 웬만한 사람 몇 명이 가진 능력으로는 감당이 안 되는 순간이 온다.

이때, 사람이 절실해진다.
갑자기 모아진 사람들은 팀워크가 살지 않는다.

심지어 유럽의 유명 프로 축구단이나 미국의 메이저리그 야구에서조차 오늘 만난 사람들이 상대를 이길 만한 팀워크를 당장 만들지 못한다. 팀워크는 팀 빌딩을 통해서 만들어진다. 우리가 길에서 흔히 보는 '빌딩' 건축하는 것과 같은 의미다. 그 빌딩과 단어 철자도 같다. 하나하나 쌓아 올릴 필요가 있다는 것이다.

때에 따라 외부 수혈이 일어나기도 하지만 팀의 수장인 팀장은 팀워크를 고려해 스카우트도 해야 하므로 팀을 만들고 정예의 막강한 팀으로 운영한다는 것은 쉬운 일이 아니다. 가끔 영업조직에서는 닥쳐오는 일에 급급해서 사람을 리쿠르팅하고 트레이닝하는 일에 소홀하게 된다. 영업조직이라는 것이 냉정해서 새로운 피의 수혈이 이루어지지 않는 곳에서는 기존 능력자들도 능력이 떨어지거나 이탈하는 경우가 많기 때문에 적정 수의 실력자(주전 선수군)들을 유지해야만 된다.

나의 업에서 만난 업계 사람들이나 중개법인을 처음 시작하는 사람들이 나에게 중개법인 성공에 관해 묻는 경우가 있다. 중개업을 창업하는 사장 입장에서는 리쿠르팅과 리텐션이 전부다. 중개업을 시작하는 공인중개사 입장에서는 고객(사람, 매물) 발굴과 성실함이 전부라고 이야기한다. 나머지는 다 이것들이 잘되면 다 해결될 일이다.

인성이 나쁘고
열정이 없는 사람을 멀리하라

    수백 명이 동시에 근무하는 사무실에서 일하다 보면, 그 바쁜 와중에도 일부러 한 번 쳐다보는 사람이 있고 마주칠 때마다 혀를 차게 만드는 사람이 있다. 사람이 사람에게 호감을 준다는 것은 정말 쉬운 일이 아니다. 반대로 욕을 먹는 것, 그것도 속되게 표현하면 욕을 처먹는 일은 아주 쉽다.

    보통의 사람들은 칭찬보다 비난에 강하다(ㅎㅎㅎ). 칭찬을 못 들을지언정, 욕은 먹지 말고 살아야 한다. 사무실 안에서 회사 안에서 욕을 먹는 1순위는 인사성이 없는 사람이다. '인사'라는 것이 너무 웃긴 거다. 돈이 하나도 안 드는 행위인데 인사만 잘해도 선배들은 인사 잘하는 후배를 달리 본다. 아무리 능력이 뛰어나도 인사성이 없는 사람은 욕을 먹는다. 실적과 무관한 욕 먹음이다. 심지어 매출이 떨어지기라도 하면 모두가 달려들어 제거 대상 1호가 되는 것도 인사성이 없는 사람이다. 그 인사성 없음은 나에게만 느껴지는 기분 나쁨이 아니기 때문이다.

왜 그러는 것일까?

나에게만 그런 것일까? 그렇다면 나에게도 문제가 있는 것이다.

모두에게 그런 것인가? 그렇다면 예의가 없는 사람인데, 대부분 조직에서 성공과 성장을 하지 못한다. 때에 따라, 자기애가 강하고 자부심이 강해 도도함이나 근거 있는 건방짐이 있는 경우도 있기는 한데, 이런 경우에는 예의 없음과는 다르게 열외되기 때문에 욕까지 먹지는 않는다. 때로는 인정도 받는다.

"아! ○○○은 원래 그래" 이렇게 말이다(드문 경우다).

인사성이 뭐가 중요할까?

인사성이 없는 사람은 다른 면에서도 예의가 없다.

예의가 없는 사람은 인심을 잃어 인덕이 없게 된다.

일을 위해 필요한 사람에게만 친절한 이중인격이 발현되기도 한다. 오래 일을 같이하는 사람에게는 그 인성을 들키고 된다. 고객 재창출이 안 되고 단발성 고객으로 끝난다. 이런 사람이 속해 있는 조직은 아주 큰 일을 벌리기 위해 옆 팀, 다른 본부, 다른 회사와 같이 일을 해야 하는 상황이 될 때, 다른 조직, 다른 회사에 의해 선택받지 못한다. 나쁜 인성은 똥과 같아서 지독한 냄새가 밖으로도 날개 날린 소문이 되어 업계 전체에 퍼지기 때문이다.

그럴 뿐만 아니라, 인성은 열정과 직결된다.

보통의 인성이 좋은 사람은 자연 발화의 마인드까지는 아니더라도 열정의 씨앗을 갖고 있어서 옆에 불씨가 오면 같이 발화해준다. 반면에 인성이 안 좋은 사람은 마치 얼음과 같아서 불이 옆에 가도 불이 붙지 않는다. 있으나 마나 한 수준이 아니라 그 차가움이 옆에 있는 불을 차갑게 만든다.

결국, 공감력이 없는 사람이라는 의미다.
'인사 제대로 안 한다고 이렇게까지 확대하는 거냐?'
이렇게 느끼시는 분?

일, 시간, 사람을
작게 구분해 관리하라
: 버려지는 시간이 없게 하라!

하루를 보내는 시간의 단위를 10분 단위로 쪼개서 사용하라! 이런 표현 하는 사람들도 많은데, 진짜 바쁘면 일부러 그렇게 계획을 안 해도 그렇게 하게 된다. 부동산 영업을 하는 나도 바쁠 때는 밥 먹는 시간도 아까워서 일하거나 이동 중에 차에서 김밥을 먹는 경우도 많다. 화장실 가는 시간도 아까워서 온종일 물을 안 마신 적도 있었다. 지금도 점심은 잘 안 먹는 편이다. 나는 텅 빈 점심시간의 사무실에서 방해받지 않는 상태에서 '무언가(일)'를 하는 것을 즐긴다.

방해받지 않는 몰입의 1시간은 일상적인 업무에서 4시간에 맞먹는 일을 할 수 있다. 제안서나 자료를 만드는 일이라면 더욱 큰 효과가 난다. 나는 일본 빌딩 견학을 자주 다니고, 도쿄 부동산 투어만 50번은 한 것으로 생각되는데 일본의 대형 오피스 빌딩들은 대부분 저층부 어매니티층(지원 편의시설)에 집중 업무실이라는 공간을 갖고 있다. 몰입의 시간이 어떤 결과를 가져오는지 알고 건물이 임차인들을 위해 설치하는 공간인 셈이다.

일 외의 일상에서도 시간을 분해해 사용하는 것은 중요하다.

극단적으로는 출근길에 지하철을 기다리는 그 짧은 몇 분의 시간일지라도, 엘리베이터를 기다리는 시간이나 엘리베이터를 타고 이동하는 몇 분이라도, 그 순간 한 번은 아주 미미한 시간이라고 느껴질지 몰라도 모아서 합치면 한 시간도 되고 몇 시간이 된다.

몇 시간은 절대로 짧은 시간이 아니다. 당신이 담배를 많이 피우는 골초라고 생각해보자! 그런데 직장이 30층짜리 건물의 28층이라고 생각해보라! 이참에 시간을 체크해보라! 담배를 피우기 위해 사무실 자리에서 일어나 승강기까지 이동하고 승강기가 오기를 1~2분 기다리고 타고 내려가서 건물 뒤편 어딘가 흡연장소로 이동해서 담배 1개비를 태우고 다시 건물로 들어와 승강기를 기다려서 타고 다시 자리까지 돌아가는 시간을 측정해보라!

아마 결과에 깜짝 놀랄 것이다.

15~20분이 걸릴 것이다.

내가 예전에 여의도 파크원 임대 대행 업무를 하면서, 건물 내 흡연장 설치하자고 주장했을 무렵 인근 IFC빌딩 3-IFC 54층에서 담배 피우러 간다고 생각하고 시간을 측정해봤다. 무려 40분이 걸렸다.

하루에 담배에 한 번만 피우는 사람은 없다. 농담처럼 담배 피우는 사람은 하루에 2시간 더 일해야 몰입해서 일만 하는 사람과 비슷하게 일하는 것이라고 말한다. 월급쟁이 샐러리맨들은 이런 버려지는 시간이 그러려니 할 수 있지만, 시간이 금과 같은 영업맨들에게는 이렇게 쓰이는 시간은 담배를 끊어야하는 이유다. 나는 술, 담배는 한 잔도 한 개비도 태우지 않는다. 영업을 하기 때문에 끊은 것이 아니라 중고등학교 시절에 결심했다. '시간 낭비 안 하고 살기로 좋은 것들 하기도 바쁜 세상이다' 해서 나쁜 것은 하지 않는다.

물론 남에게 이런 사고를 강요하는 것은 아니다. 술과 담배가 정신 건강에 도움이 된다는 분들도 많고 일부 효과도 있기 때문에 타인의 흡연과 음주에는 아무 반대 의견이 없다. 나도 영업을 위해 담배를 사서 피우지도 않는데 들고 다니고 라이터를 갖고는 다닌 적이 있다. 고객과의 술자리가 있으면 다 따라 간다. 내가 스스로 선택해서 안 할 뿐이다.

학창 시절을 생각해보면, 시험 문제 1~2개 못 풀어서 점수가 낮게 나온 경험은 한두 번쯤은 모두 있을 것이다. 그 문제 못 풀었던 시간은 겨우 2~3분이다. 담배 피우러 한 번 가는 시간에 시험문제 10개 문항은 풀 수 있고 수학도 1~2문제 풀 수 있는 시간이고 10~20분이면 내가 군자역에서 을지로로 새벽에 출근하는 시간보다도 긴 시간이다.

류이치 사카모토(坂本龍一)는 돌아가시기 전에 쓰신 책에서 '나는 앞으로 몇 번의 보름달을 볼 수 있을까'라는 울림을 주셨다. 이 자체가 책 제목이다. 사람은 영원히 사는 존재가 아니다. 모두 끝은 같다. 관속에서 타게 되어 있다. 그 허무한 장면을 살면서 수도 없이 봐왔다. 어제까지 아예 없었던 존재처럼 세상에서 없어진다.

"그분은 떠나셨지만, 항상 우리 마음속에 있으니까요."
이런 남은 사람들의 마음은 생각하지도 마라!
생각해주는 것은 너무나 고맙지만, 죽고 없는 것은 그들이 아니고….
내가 불타고 없다는 점을 기억하자!

임종 전 10분과 담배를 피우며 날리는 10분은 같다.

시간을 사용하는 대상과 종류도 구분해야 한다.

좋은 사람만 만나자!

직장에서 동료 욕하는 뒷담화에 시간을 쓰지 말자.

이런 것은 나도 잘 안 되기도 하는 일이지만, 노력하고 있다.

죽고 사는 일이 아니면 다툼하지 말자!

일에서도 타인에게 돈으로 위탁할 수 있는 일에 내 시간을 태우지 말자! 나도 여건이 된다면 기사, 가사 도우미, 집사도 두고 싶다. 내가 하고 싶은 일 중에서 내가 직접 해야 하는 경험의 산물만을 내가 직접 하고 싶다.

우리의 하루 24시간을 일어나서 잠들 때까지 정리해보고 안 하면 금덩이 같은 내 시간이 아낄 수 있는 것들을 찾아서 당장 그만두자!

분쟁은
대화로 해결하라
: 끝까지 대화하고 설득하라!

　교세라의 창업자인 이나모리 가즈오 회장님은 젊은 시절 창업을 하시고 경영을 평생 해오시면서 사내에서 직원들과의 분쟁, 고객과의 관계에서도 설득이 될 때까지 대화를 하셨다고 한다.

　남은 내가 아니다. 생각이 다르다는 것을 인정하고 대화하려고 마음먹고 살기 시작한 것은 내가 영업을 하면서부터일 것이다.

　고객이든 동료든 다 내 마음 같지 않다.

　언쟁이 거듭되면 될수록 그 무거운 스트레스 속에서 나도 살아야겠다는 생각을 한다. 계약이나 큰돈이 오가는 협상에서는 '간'이 녹아 내리고, 심장병이 걸릴 것 같은 극심한 스트레스를 받을 때가 있다(부동산 중개도 규모가 커지면 목숨의 위협을 느낄 정도다. 분명 건강에 안 좋다고 느낀다). 지금 이 글을 쓰면서 과거에 받았던 스트레스를 떠올리니 숨이 쉬기 힘들다. 20년이 지난 계약 건을 생각했는데도 말이다.

지금 20년 전으로 돌아가서 지금 생각나는 그 병이 걸릴 것 같은 스트레스의 일을 다시 하라고 한다면…. 생각보다 할 만할 것이다. 내 실력이 나아진 것도 있지만 대립보다는 상대방에 대한 공감과 그 공감을 바탕으로 내 의견의 칼날을 갈아서 상대방의 빈틈에 부드럽게 밀어넣을 것이다. 그렇게 할 수 있을 것 같다. 이런 묘미를 부리는 것은 어제도 썼던 것 같다. 살면서 나이를 그냥 먹지는 않을 것이기 때문이다.

오래 걸리지만, 설득이라는 방법을 공감을 바탕으로 사용하면 모든 일이 끝난 후에도 '좋은 관계'로 남는다.

특히 그 관계가 밖이 아니라 사내 회사 동료이거나 가족이면 더욱 중요하다. 계속 봐야 하는 사이일수록 이런 설득 과정은 중요하다. 사내 상하 관계인 경우에는 더욱 중요하다. 힘으로 직위로 눌러서 설득을 강요당하고 종료된 협의는 결국은 사람 간의 '틈'을 벌려놓게 되고 그런 관계가 많은 조직은 엉망이 된다. 칼퇴(칼 같은 정시 퇴근, 5시 29분 50초부터 카운트를 속으로 하면서 땡 치면 빛의 속도로 퇴근하는 사람들)가 나쁜 것이 아니라 퇴근 시간만을 기다리는 구성원으로 가득한 회사가 잘 될 리가 없다. 노동법 같은 단어가 이 지점에서 떠오르는 사람은 이 책을 덮어라!

분쟁이 없는 조직은
'일이 없는 조직'이다
: 분쟁은 돈이 쌓인 테이블에서만 의미가 있다

영업을 하다 보면, 영업사원들 사이에 가망고객(구매자)이 겹치는 경우가 많다. 내가 종사하는 부동산 업의 예를 들자면, 역삼역 ○○○번지가 매매 물건으로 시장에 나와 있다면, 가망 매수자를 진행하는 부동산 업체나 매수자의 지인, 관련된 사람들이 쌍방향으로 겹치는 경우가 많다.

영업사원(예 : 공인중개사)이 수십 명 이상이거나 수백 명 이상인 중개법인이라면 좋은 부동산 매물이 시장에 나왔을 때 그 정보가 모두 공개될 것이다. 이 매물을 본인들의 고객(가망 매수자)이 구매하도록 제안하고, '거래 수익(컨설팅 용역수수료, 중개 수수료 등)'을 벌기 위해서 최선을 다할 것이다. 당연히 분쟁이 소지가 크다. 내가 어릴 적 부동산 일을 처음 시작한 시절에는 이런 분쟁은 정말 끝도 없이 많았다.

최근에는 전속 거래도 많고 부동산을 사고파는 사람도, 그 거래를 대행하는 컨설팅회사나 중개법인의 수준도 크게 높아져서 분쟁을 원천적으로 배제한다. 매도 전속 대행사가 매수 전속 대행사와 각자의 고객들을 대행해서 깔끔하게 거래가 완료되고 있다. 하지만 아직도 많은 분야에서 이런 분쟁은 수면 위 아래서 여전하다. 당연히 소송도 많이 발생하고 있다.

그렇다면 영업조직에서 분쟁은 무조건 나쁜 것인가?
답은 '아니다.'

내가 보는 관점은 분쟁은 당연하고 분쟁을 잘 해결하고 협업하게 만드는 것 또는 조직 내 원칙을 세우고 승복하게 만드는 문화 같은 것이 중요한 것이지 분쟁이 아예 없다는 것은 영업조직에서 더 나쁜 것이다. 얼마나 일을 열심히 안 했으면 분쟁이 없는 것인가? 이렇게도 생각할 수 있는 것이다. 특히 어떤 결론도 나오지 않는 의미 없는 분쟁이 일어나는 것은 정말 한심하다. 예를 들어서, 누군가가 어떤 고객을 계약시키기 위해서 상담하고 진행하고 있는데, 때마침 고객이 '거래 의사'를 표명하고 수익이 발생할 상황이 놓일 때가 되면, 이상한 사람들이 나타난다.

"어? 나도 그 건물주 아는데."

"그 건물주 나도 몇 년 전 매매로 진행했는데."

어쩌라는 말인지 모르겠다!

당연히! 왜! 그러는지 이유는 안다.
업계에서는 이런 행위를 속칭 '고춧가루 뿌리기'라고 표현
한다.
"내가 먹지 못할 거면, 너도 먹지 못하게 만들 거다"라는 협
박인 셈이다.

그렇게 일하는 사람을 옆에서 뒤흔들면 대부분 일의 방해 요
소를 없애기 위해 '고춧가루'를 뿌리겠다는 사람에게 일을 방해
하지 않는 조건으로 돈을 나눠주게 된다. 이 글을 쓰는 순간에도
화가 난다(이런 화나는 내용만 적어도 책을 몇 권을 쓸 수 있을 것이다).

자신의 노력으로 자신이 발굴한 가망고객을 계약하고 자신
의 노력으로 돈을 벌면 좋겠다. 진정한 영업맨들은 '고춧가루
뿌리기'와 '숟가락 담그기'를 하지 않는다. 다만 진정한 멋진
경쟁 속에서 분쟁이 발생한다면, 생각보다 경쟁자들끼리 설
득과 협의를 할 수 있다는 점도 알아두기 바란다. 심지어 무
한 경쟁으로 경쟁에서 진 사람이 깨끗이 승복을 하는 스포츠
정신 같은 모습도 많이 보면서 살아왔다.

발생하지도 않은 일에
핏대를 올리지 마라

앞서 언급한 것과 같이 나의 매출, 나의 영업은 스스로 만들어나간다는 생각을 하는 것이 참 영업인의 모습일 것이다. 어떤 결과물이 100이라고 가정해보자! 이 결과물을 분배해야 상황이 발생한다면, 그 상황은 다음과 같아야 한다고 생각한다.

협업해서 같이 일한 경우
1. 협업하지는 않았지만, 중요한 소개가 있었을 경우(리퍼럴=소개)
2. 소개도 받았는데 클로징(계약)을 위해 큰 도움도 받은 경우(배분도 균등하게 하거나 오히려 더 많이 배분하기도 한다)
3. 특별히 전문성이 요구되는 일들(변호사, 감정평가사, 대출 관련, 설계자 등)이 발생해 협업하거나 외주 용역사를 쓰게 되는 경우

일일이 나열을 하지 않더라도, 어떤 일의 결과물이 수익을 배분하는 경우는 많다. 여기서 공통점은 일단은 '결과'가 나오고 종결이 되고 수익(돈)이 발생했다는 점이다.

진짜 한심한 상황은 옆자리 동료나 업계 경쟁사가 나도 아는 고객을 접촉하고 있다는 소문만 난 상황에서 진행하고 있는 경쟁자를 공격하는 행동이다. 그런 공격할 에너지를 가지고 본인도 그 고객을 만나러 가던지 애당초 그 아는 고객을 잘 관리해서 나에게 그 어떤 기회도 오지 않도록 원천적으로 막는 것이다.

간혹 일을 진행하는 도중에 나를 감시(모니터링)하고 있다가 나의 진행이 벽을 만났을 때, 도움의 손을 펼치면서 자신에게 돈도 일도 배분해달라고 나타나는 경쟁자들이 있기도 한데, 이런 경우에는 마다할 이유가 없을 것이다.
현명해야 한다는 이야기를 하는 것이다.

경쟁과 협업 그리고 거지 근성, 도둑놈 심보는 다른 것이다. 기본 마인드는 내 돈은 내 노력으로만 번다고 생각하자!

동료와의 분쟁에서
내가 손해 보는 선택을 하라
: 내가 양보한다면, 상대방은 그 양보한 마음에 보답할 것이다

20여 년 전 실면적 1,000평 규모의 사무실 임대차(사옥으로 신축 건물 전체 임대)를 진행할 때의 일화를 소개해보겠다.

당시 성장을 거듭하던 MP3 기업인 ○○기업이 부담이 적은 임대료의 건물로 축소 이전하는 건을 내가 맡아서 진행하고 있었다. 나는 임차 대행이었던 셈이다. 전속을 받고 사내 회의에서 실면적 1,000평 규모로 양재에서 이전할 만한 건물이 있으면 나도 찾고 있으니 여러분(동료 중개사가 300명 있었다)도 좋은 물건을 소개해달라고 월요회의에서 발표했다. 당시 J 중개사가 회의 후에 오셔서 방배동에 신축 중인 건물을 전체 사옥으로 임대하면 어떻겠냐고 제안을 했다.

나의 생각에도 형편이 어려워 이사하는 기업이 1만 평의 대형 건물에서 애매한 작은 건물로 이사한다면, 임직원이 받을 마음의 상처도 있을 것이라는 생각이 들었다. 고객에게 다른 동네로 이사는 하지만, 같은 서초구라서 세무서가 변동하거나 주소지가 완전 다른 구는 아니라 충격이 작을 것을 이야기했다. 1/10 크기의 빌딩으로 이사하지만 사옥이라고 직원들 마음을 다독일 수 있고, 건물명도 원래 계획한 이름을 건물주에게 제안해 임차인의 이름으로 변경해 ○○타워라고 만들어오겠다고 임차인을 설득했다.

고객에게 상품만을 판다고 생각하지 말고,
고객의 마음을 살펴라!

내가 이런 계획을 건물주를 대리하는 임대 전속인 동료에게 이야기하자 동료 중개사는 일을 시작한 지 6개월 차라 의욕이 넘쳤다. 내가 자신의 건물로 확정 짓고 다른 건물도 병행 진행하지 못하게 하려고 건물 측에서 발생하는 수수료의 50%를 임차 측인 나에게 나눠주기로 약속했다. 나는 더욱 의욕적으로 임차인을 설득했고 결국 3개월의 진행 끝내 임대차계약을 체결했다. 나는 보통 계약 체결 시에 수수료를 받는 경우가 많아서 수수료를 받았다. 당시 2005년이었던 것으로 기억하는데 수수료가 1억 원 정도 되었다. 적은 금액은 아니었지만, 약속받은 임대 측의 5,000만 원도 배분을 요청했다.

그때 상대방의 반응은 너무나 당황스러웠다.

그 배신감이란!

배분 약속을 한 적이 없고 내가 잘못 들은 것이라고 이야기했고 그렇게 본인이 이야기한 증거가 있냐고 물었다. 나보다 20살 가까이 나이 많았던 신입 중개사에게 나는 내가 할 수 있는 심한 욕은 다했고 그분은 듣고 있었다. 결국은 받지 못했다(글로 다 쓸 수 없는 스트레스가 있었다).

당시에 내가 이런 질문을 했었다.

증거는 없지만, 나는 당신에게 들었고 하늘이 알고 땅이 알고 당신과 나는 알고 있다. 그리고 심한 욕을 했다.

며칠 후, 내 고객인 입주자(임차인)는 자신들이 원래 사용하던 사무실이 새로운 임차인이 유치되지 않아 공실이니 나에게 임대 대행을 줄 때는 채워달라고 했다. 나는 전 직원들 앞에 나서서 좋은 임차인을 유치해달라고 부탁했다.

그 회의 후에 나에게 욕을 먹은 분쟁의 주인공인 중개사는 나에게 딱 맞는 임차인이 있는데 사이는 안 좋은 사이지만 공동으로 진행하면 어떻냐고 물어왔다. 나는 속으로 개○○라고 생각하고 있는 사이지만, 임차인을 물어보고 탐이 났다. 나의 고객의 의뢰를 해결하려면 '적과의 동침'은 아무것도 아니라고 생각했다. 그리고 계약이 되어서 사이가 나쁜 나와 상대방 중개사도 수익을 냈다. 계약하면 회사에 계약 관리 대장을 제출하는데 상대방 중개사가 수수료 금액과 계약 조건을 작성해왔다고 나에게 검토해보라고 서류를 전했는데 읽어보니 나에게 몇천만 원이 더 배분되도록 적혀 있었다.

나는 빤히 쳐다보면서, "뭡니까?"라고 물었는데, 그 중개사의 대답은 이랬다.

"지난번 돈이 너무 궁해서 거짓말했어요! 내가 배분하기로 했던 것이 맞아요. 이번에 받을 인센티브에서 보상하고 싶어요"라고 말이다.

나는 "그러셨군요! 그럴 수 있죠! 이렇게 이야기하시니 감사합니다. 잘 받겠습니다" 이렇게 말하고, 그 이후에도 계속 같이 일은 할 수 있는 사이로 남았다.

일을 하다 보면, 옆자리 동료나 같은 팀원 사이에도 돈 때문에 분쟁이 계속 일어난다. 분쟁이 일어나는 것은 당연하다. 욕심 없는 탑 세일즈맨은 없다. 다만 분쟁이 생길 때, 어떤 현명한 방법으로 자신의 주장을 내세우고 상대방을 설득하느냐가 중요하다.

때에 따라서는 큰 손해가 아니면 져주는 것도 방법인데 상대방 주장을 수용하고 손해를 약간 입는 경우, 상대방도 그 마음을 대부분 안다. 그 마음의 크기, 손해 본 돈의 크기만큼 상대방 마음속에는 빚이 생긴다. 그 빚이 해결되지 않으면 그 사람 마음속에는 작은 지옥이 생기는 것이다. 오히려 내가 마음을 편히 갖고 더 큰 영업을 할 수 있도록 양보하는 마음을 가져보기 바란다.

• 5장 •

남는 장사를
하라

항상 사업가 마인드로 투입된
나의 원가를 계산하라
: 커피숍에서 의미 없이 보낸 1시간의 값은 얼마인가?

나의 첫 직장의 영업 매뉴얼에 보면, 영업인의 시간 개념에 대한 교육에서 '나의 시간당 가치'를 계산하는 내용이 있었다.

자동차가 그냥 목적 없이 드라이브만 해도 '연료'를 사용하게 된다.

동료와 커피숍에서 그냥 안 해도 상관없는 이야기를 하거나, 담배를 피우러 몇 번 사무실 밖을 나가도 시간을 쓰게 된다. 내가 1년에 1억 원의 연봉을 생각하거나, 그 이상인 3억 원, 5억 원, 10억 원의 연봉을 벌고 싶다면 '시간'을 엄청나게 아껴야 한다. 그냥 시간을 아끼자는 표현 말고 실제로 나의 1시간의 가치를 계산해보는 것이 좋다.

연봉 2억 원의 영업사원이라고 가정해보자!

2억 원을 12개월로 나눈다. 1,660만 원이다.

월 매출이 약 1,700만 원 나와야 한다.

월 매출 1,700만 원을 30일로 나눠보자!

일당, 하루에 55만 원은 벌어야 한다.

하루가 24시간이니 시간당 23,000원이다.

생각보다 높은 인건비는 아니다.

하지만 하루에 10시간 일한다고 생각해보자!

시간당 인건비는 55,000원이다.

무심코 한 시간 정도를 날려버리는 것은,

길바닥에 5만 원을 버리는 것이다.

100% 인센티브제 중개법인이 중개사와 위촉 계약서를 작성할 때, 경력과 실적 여부에 따라 매출의 50~70%, 많으면 80% 배분율로 수익을 배분한다고 가정하자. 신입 직원의 기준인 50%가 배분율이라고 한다면, 연봉이 2억 원이려면 4억 원의 매출을 내야 한다. 배분율이 70%인 중개사가 연봉 2억 원을 벌기 위해서는 3억 원 정도의 매출을 올려야 한다.

이렇게 시간 단위로 계산해서 내가 연봉 2억 원을 목표로 하는 배분율 50%의 초보 공인중개사라고 가정하면, 1시간의 가치는 5만 원이다(하루 10시간 근무 기준). 연봉 1억 원을 목표로 한다면 2.5만 원이다. 시간을 돈으로 환산해보는 것은 의미가 크다. 정말 최대한 영업을 시간을 확보해야 하고 공중으로 날려버리는 시간이 없어야 한다. 우리가 흔히 찾는 스타벅스 커피숍에서 아르바이트하는 청년들이 일하는 모습이 쉬워 보이지는 않을 것이다. 그들의 인건비는 절대 시간당 2만 원이 못된다. 1만 원 초반대다.

재미있는 것은 그냥 시간을 흘려보내도 1시간에 5만 원이 넘는 돈을 버리는 격인데 그 날려버리는 시간을 커피숍에서 커피와 케이크를 먹으면서 날리면 1시간에 당신은 7~8만 원을 날려버리는 것이다.

우리는 강력한 사업가 마인드로 일해야 한다. 내가 투입하는 모든 것이 '원가' 개념을 갖는다. 눈에 보이지 않는 '시간'의 원가는 상상 초월 가격이다. 워런 버핏(Warren Buffett)의 시간당 인건비를 뽑아 봐라! 아니, 상상만 해보라! 워런 버핏의 1시간과 나의 1시간은 물리적으로는 같은 시간이다(물론 가치는 다르다).

사업가 마인드라는 표현을 썼다.

며칠 전, 우리 회사 신입 공인중개사에게 질문했다.
"○○○님, 부동산 일을 하기 위해 우리 회사에 입사하셨는데요. 돈은 얼마나 투자하셨어요?"

딱히 없다는 대답이었다.

다른 분께는 이런 질문을 했다.

"요즘 편의점이나 커피숍을 창업하려면 얼마나 들까요?"

"억대로 들지 않을까요?"라는 대답이었다.

나는 부동산 일을 처음 시작하는 분들에게 입사 첫날이나 교육 첫날 "부동산 일을 통해서 얼마를 벌고 싶나요?"라고 물어보면 1억 원 이하로 벌고 싶다는 사람은 드물다. 월 700~800만 원, 월 1,000만 원 정도를 벌기 희망한다. 2~3억 원을 들여서 커피숍이나 편의점을 창업한 사업자 중에서 월 1,000만 원 못 버는 사람은 허다하다. 그렇다면 투자도 없이 월 1,000만 원 벌겠다는 사람은 '도둑놈 심보' 아닌가? 그러나 그 이상도 버는 사람들이 많다. 그들은 어떤 투자를 하고 투자 결과를 얻는 것일까?

바로 그들의 시간과 노력이다.

절대적으로 많은 시간을 일하고, 일에 몰입하고, 남들보다 성실하다.

자신이 노력과 시간을 불태운 사람들이다. 자신의 돈 2~3

억 원을 투자해서 오픈한 커피숍이나 편의점을 낮에 12시에 열고, 피곤하면 그날 장사 안 하고, 아무 때나 닫고 싶을 때 가게 문을 닫는 사업자는 과연 그 사업을 몇 달이나 유지할 수 있겠는가? 내가 몸담은 부동산 업계에는 앞서 언급한 대로 게을러져서 회사에 툭하면 안 나오고 외근하는 척하면서 놀거나 퇴근하는 사람들로 넘쳐난다.

인센티브제 영업사원, 샐러리 베이스의 영업사원도 다 똑같다. 인센티브제 영업사원 중 알아서 정말 열심히 하는 사람은 자신의 사업이기 때문에 누가 시키지 않아도 최선을 다하는 것이다.

샐러리 베이스 영업사원일지라 하더라도 자신이 지금은 직장인이지만 자신이 일에 있어서 전문가가 되고 일에 맞는 인센티브제 고액 사업가가 되려면 최선을 다한다. 회사가 주는 돈(월급)은 공부하는데 생활비까지 준다는 개념으로 생각한다. 그 돈이 자신의 진정한 생활비이며 몸담은 회사가 정년퇴직할 직장이라고 절대 생각하지 않기 때문에 열심히 하는 것이다. 주의를 둘러보라. 열심히 하는 사람은 티가 나서 다 보인다. 그런 티가 나지 않는 사람은 멀리하라!

분명, 에너지 뱀파이어일 것이다.

여러분의 영업 마인드도 이런 내 사업이라는 강한 사업가 마인드로 무장해야만 투자금을 대신해 결실은 더 크게 얻을 수 있을 것이다.

◆

지금 급여생활자도
나의 시간당 가치를 계산하라

앞서 인센티브제 영업사원, 사업자의 연간 소득(연봉)을 기준으로 개인 시간의 가치를 계산해봤다(진짜 단순 계산). 그렇다면 샐러리맨인 직장인은 어떨까! 각자 회사, 근무 연차, 업종, 개인 능력 등에 따라 받는 연봉, 월급이 제각각일 것이다. 아주 단순하게 하루에 출퇴근 시간을 포함한 10시간 정도를 기준으로 계산을 해보라! 시간당 인건비가 매우 낮게 나오는 사람도 있을 것이다.

내가 궁극적으로 벌고 싶은 소득과 지금 벌고 있는 소득의 차이는 왜 발생하는가? 일을 배우는 단계인가? 내가 어느 정도 내 분야에서 전문성을 갖게 되는 연차가 되면 그때 받을 연봉이 만족할 소득일까? 계산해보라는 이야기다. 소득은 마음에 안 들지만, 다른 장점은 무엇이 있으며 그 장점이 만족하지 못하는 연봉의 빈자리(?)를 채워줄 요소인지를 파악해보라는 의미다. 계산 결과, 내가 전문성이 있다고 생각하는데도 소득이 만족스럽지 않다면 더 나은 삶을 위해 직장 근무 시간과 무관하게 시간을 만들어서 직장이든 실력이든 점프할 수 있는 '공부'를 해야 한다.

앞서 말한 투자 개념으로 '공부'가 들어가는 순간이다.

미래 계획에 맞는 업종으로
직장을 선택하라

부동산 일을 하면서, 부동산 일을 위해 일하는 사람과 그냥 회사 일을 하는 사람으로 나누어지는 것을 봐왔다. 부동산 일을 하는 사람 중에서는 부동산 일을 하기 위해 하루를 보내는 사람이 있고, 생업을 위해 일하는데 때마침 부동산 일을 하는 사람이 있다는 것이다. 심지어 실력자는 후자에 있는 경우도 많다. 그렇다면 이 차이점을 정확하게 표현해보겠다.

학교를 졸업하고 직업을 선택하는 졸업 예정자가 있다고 가정해보자.

  1. 부동산 일을 하기 위해서 부동산 회사를 찾아서 지원하고 입사하는 경우
  2. 학교를 졸업하고 취직한 회사가 때마침 부동산 일을 하는 회사인 경우

부동산 일을 하는 것은 둘 다 같다. 그런데 일하는 마음가짐은 다르다. 이 책을 읽는 분 중에서 어떤 직장을 선택해서 입사해서 월급이 많고 복지가 좋은 경우도 있을 것이다. 만족스럽겠지만 그 선택을 통해 앞으로 보내야 할 시간이 내 인생의 꿈, 계획에 부합하는 업종의 회사여야 한다는 것이다. 내 주변에 감정평가사가 되겠다는 생각으로 공부를 하다가 대학을 졸업할 때까지 자격 취득을 못 한 상황에서 취업해야만 하는 경우가 있었다. 회사를 선택할 때 남들이 다 좋다는 회사가 아니라 감정평가법인의 신입으로 입사해서 일이 곧 공부이고, 공부가 바로 일로 연결되는 환경을 만들었다고 한다.

아시는 분들은 알지만, 감정평가법인 근무 경력을 쌓으면 감정평가사 시험 1차를 면제해준다. 이 사례에서 1차 시험 면제자가 된 이후에는 대기업 부동산 회사의 매매 담당자로 이직했다. 직장의 안정성을 통해 결혼하고 집도 사고 즐겁게 살아가게 되었는데, 꿈을 포기하지 않고 틈틈이 공부해 지금은 다른 감정평가법인의 임원이 되어 있다. 재미있는 것은 몇 년을 관련 회사에서 평가사 실무와 부동산 매매 업무를 했던 경력이 그냥 대학 때, 평가사 시험에 합격해 평가사로 활동하는 사람에 비해서 큰 강점을 갖게 되었다. 실무에 능한 평가사이자 영업력(매매 업무 경력의 결과)을 갖춘 평가사가 된 것이다. 업계에서 자신만의 강점을 갖게 된 것이다. 더불어 매매 업무를 기업에서 수행할 당시 공인중개사도 취득했는데 덕분에 현재 회사에서 감정평가법인 임원이면서 자회사인 중개법인의 대표를 겸직하고 있다. 과거의 시간이 쌓여 현재의 본인을 만들어냈다고 볼 수 있는 것이다.

자신만의 꿈에 대한 로드맵을 세우고 살다 보면, 옛날 여행자가 북극성을 바라보며 길을 잃지 않을 수 있었던 것처럼 인생의 방향을 유지할 수 있을 것이다.

금전적 투자 없이 고소득을 올리려면
투자해야 할 것은?
: 금전적 투자를 대신할 정도의
내 시간과 노력을 불태워라!

금전적 투자 없이 고소득을 올리고 싶은 사람은 금전적 투자를 대신할 정도의 시간과 노력을 불태워야 한다. 이 표현은 평소에 자주 하는 표현이고 이 책에서도 반복되고 있다. 앞서 시간의 가치를 계산해보자는 이야기를 언급하면서 나온 표현이다. 이것을 앞서 이야기한 '내 미래 계획에 맞는 업종의 직장 선택'이라는 표현과 맥을 같이한다.

나는 아침 7시에 스타벅스에 자주 가는 편이다. 커피를 좋아해서이기도 하지만 스타벅스가 7시에 오픈하기 때문이다. 보통 28년째 7시 전에 회사에 출근해오고 있는데, 사무실로 출근해서 6시 40분에서 7시까지 그날 할 일들을 준비하고 필요한 것들을 챙기면 스타벅스가 문을 연다. 지금 근무하고 있는 을지로 삼화빌딩도 1층에 스타벅스가 있지만, 과거 근무했던 직장들은 대부분 스타벅스가 1층에 있거나 옆 건물에 스타벅스가 있었다. 아침 7~8시 사이에는 책을 읽거나 글을 쓰거나, SNS를 확인하고 새로운 포스팅을 올린다.

매일 오픈 시간에 스타벅스 오픈런을 하다 보면 생기는 재미있는 일들이 있다. 내 성격 때문이기도 할 것이다. 우선 스타벅스 점장, 바리스타 직원들, 아르바이트생들이 나를 다 알게 되고 어떤 사람들은 친해져버린다.

첫 주문이 나인 경우도 많고 커피를 기다리는 동안 매일 30초에서 1분 정도 스몰 토킹을 한다. 나는 호기심도 많아서 그들이 어떤 생각으로 스타벅스에서 일하는지를 확인하기도 했다. 역삼동에서 친해진 스타벅스 점장은 미래의 꿈이 자신만의 커피숍을 오픈하는 것이 꿈이라 현재 커피를 스타벅스에서 배운다고 이야기했다.

배운다는 표현은 정말 중요하다.

꿈을 품고 사는 사람은 자신의 꿈에 가까이 갈 기회를 선택할 때 돈이나 조건이 다소 맞지 않더라도 자신이 배울 것이 많은 기회라면 월급이 적어도 배울 것이 많은 회사를 선택하기도 한다. 인생의 목표로 넘어가기 위한 징검다리 중에는 널찍하고 단단한 바위인 경우도 있지만, 다음 단계로 넘어가기 위해서 잘못 뛰면 물에 빠질 수도 있는 아슬아슬한 작은 돌이라고 하더라도 딛고 뛰어야 하는 경우도 있기 때문이다.

　꿈이 커피숍 창업인 사람 중에서 돈이 많은 사람이라면, 그냥 좋은 건물을 임대하거나 매매로 사서 최고의 인테리어와 장비로 오픈할 것이다. 창업을 쉽게 할 수 있다. 커피숍이 성공하느냐는 다른 이야기다. 돈으로 시간을 아끼는 방법인데 상당히 많은 경우는 실력이 받쳐주지 못하는 돈질은 투자금을 날려먹는 경우가 많기 때문에 배우는 과정은 꼭 필요하다. 배우는 과정에서는 투자금이라는 돈의 가치에 맞는 노력과 열정을 불태우는 것이 필수다. 간혹 좋은 자리에서 좋은 머신으로 커피숍을 하고 있는 사장님들 중에서 나보다 커피를 모르는 사람을 만날 때면 나는 예상한다. 언제 이 가게가 다시 임대차 물건으로 중개 대상물이 될 것인지를 말이다. 망한다는 뜻이다.

사업가를 꿈꾼다면,
퇴근 후 미래를 위해 다시 출근하라

'워라밸(Work, Life & Balance)'은
일과 삶의 사이에서 균형을 찾는다는 것이다.

엄청나게 중요한 표현인데, 개인적으로 자신이 놀아야 하는 명분이나 게으름을 포장하는 포장지로 워라밸이라는 단어를 사용하지는 않았으면 좋겠다. 일을 돈을 벌기 위한 수단으로 사용하고 '라이프'를 인생의 꿈이라고 생각해본다면 이 워라밸이라는 단어는 인생을 살아가는 수단과 방법이 모두 녹아 있는 단어다.

그냥 적당히 일하고 잘 쉬라는 뜻으로 생각하면….
'망한다.'

퇴근 후 다시 출근한다는 의미를 잘못 이해하면 안 된다. 회사에서 퇴근하고 저녁에 부업을 하거나 쿠○ 물류, 대리운전, 아르바이트 등을 통해서 추가 수익을 내라는 의미가 아니다. 퇴근 이후, 새로운 출근이라는 표현은 다분히 '자기 성장'과 만나는 단어다. 현재의 나에게 만족하지 않고 더 나은 삶을 위해서 공부하는 삶을 위한 저녁 출근이다.

지금 하는 일이 본인의 인생의 꿈과 맞아떨어지지 않는 직장이라면 이직을 위한 공부나 본인이 원하는 직업을 선택하기 위해 꼭 필요한 준비를 하라는 것이다. 능력이나 자격을 만들어나가는 과정에서 필요한 [무언가]를 준비하는 시간으로 저녁을 활용하라는 의미다.

만약에 내 미래의 꿈을 실현하기 위한 직업을 선택했고 그 직업에서의 성공을 위해 최선의 직장에서 근무하고 있다면 사내 인맥과 실제 업무에서 더욱 큰 발전을 위한 인간관계 발전 또는 일의 완성도를 높이기 위한 스스로 야근이나 주말 근무도 바람직하게 권하고 싶다. 나는 업계 후배들에게 "우리 직업은 말이야, …… 이래서 너무 좋다고 생각한다" 이런 이야기를 자주 한다.

내가 신입사원들에게 "여러분들은 이제 24시간 일할 수 있는 자유를 얻었습니다"라고 이야기하면, 정말 깜짝 놀란다.

'엥? 하루 24시간을 일할 자유라니?'

나는 이 표현이 바로 워라밸이라고 이야기한다.

샐러리맨들에게 잘못 이야기하면 돌이 날라올 이야기다. 나는 자기 사업을 하는 우리 같은 사람들에게 해당한다는 전제하에 이야기하는 것이다. 실제 내가 근무했던 P그룹의 경우, 5시 25분쯤 되면 '사내 방송'이 나온다. 송도에서 서울로 나가는 퇴근 셔틀버스에 탑승할 준비를 하라는 방송이다. 대부분 대기업이 퇴근 시간 직후, 사내 컴퓨터가 로그인이 안되게 만들어진 시스템을 활용하고 있다. 야근이 필요하면 사전에 상사에게 연장 근무를 신청하고 승인을 받아야 일할 수 있다. 승인이 안 된 상태에서는 컴퓨터가 주기적으로 꺼진다.

야근도 내 마음대로 할 수 있는 세상이 아니라는 말이다. 회사 차원에서는 정해진 근무 시간에 가장 효과적으로 업무 성과가 나오도록 다양한 몰입 프로그램과 인사상 상벌 정책 등을 만들어서 운영하고 있을 것이다. 야근 같은 추가 근무는 그냥 일하게 해달라는 차원만이 아니라 회사 차원에서는 추가 근무 수당이 지급되는 형태이기 때문에 무작정 승인해주기도 힘들다. 그럴 뿐만 아니라, 원천적으로 주어진 일을 정해진 시간 내에 마치게 만드는 것이 개개인의 능력이라고도 생각된다. 그러나 이 책을 읽는 분 중에서 본인 이름으로 사업을 하는 사업자이거나 샐러리 베이스가 아닌 인센티브 시스템으로 일하는 사람이라면 내가 내 사업을 하는데 9시 출근, 6시 퇴근 이런 식으로 일하지는 않을 것이라고 생각한다. 내가 편의점 사장인데 편의점을 9시에 열고 6시에 닫는 것과 같은 것이다.

출근은 9시, 퇴근은 6시!
이런 사고방식을 버려라

내가 즐겨 보는 유튜브 영상 중에서 여행 유튜브 조○○님의 채널이 있다. 채널 운영자는 본인의 영상에서 본인의 사례를 들면서, 수시로 투잡, 쓰리잡을 강조한다. 특히 주 7일을 강조한다. 본인도 그런 마인드로 어릴 적 일하고 워킹 홀리데이를 통해 호주에서 영어도 배웠고 호주에서 배운 일들을 생활에 잘 적용해 살아오고 있는 것으로 보인다. 호주에서 만난 인맥들을 출연시키는 여행 영상들은 조회 수도 상당해서 큰 수익도 내는 유튜버로 알고 있다. 자주 유튜브 라이브를 열고 영상 중에 인생 상담이라는 핑계로 후원금도 모금하고 자신이 개발한 굿즈도 판매한다. 나 역시, 영상을 보다가 여러 번 후원금을 송금했다. 좋은 여행 영상을 통해서 대리 만족하게 해주는 영상 제작에 대한 자발적 시청료 같은 것이다.

열심히 살아야 한다고 어린 친구들에게 훈계처럼 이야기하는 영상에서도 전제조건을 달면서 이야기한다. 나 역시 미친 듯 몰입해 일하라고 신입 중개사들에게 이야기하지만 24시간, 주 7일을 일만 하라는 뜻은 아니다.

잠은 7~8시간 자야 한다고 생각한다.
밥 먹을 시간도 필요하고 커피도 마시고 살아야 할 것이다. 합쳐서 3시간 정도일까?
그리고 이동(출퇴근 포함)하는 시간도 2~3시간 필요하다.

합쳐 보자! [7시간+3시간+3시간=13시간]이다.
24시간에서 13시간을 빼 보면,
넉넉하게 잡아도 11시간은 일할 수 있다.
조금은 빡빡하게 잡아보자!

잠에 7시간+식사. 커피 2시간+이동(출퇴근 포함) 3시간=12시간이다.
일할 수 있는 시간이 1시간 늘어서 12시간은 일할 수 있다. 계산하다보면 할 만한 스케줄이 아닌가? 주말 중에서도 토요일은 평일처럼 일하고 일요일을 쉬면 된다.

일주일에 5일×하루 8시간 일하는 사람은 주 40시간을 일한다.

주 6일×하루 12시간 일하는 사람은 주 72시간을 일하는 것이다.

거의 2배에 가깝다.

1년을 12개월이 아니라 24개월로 사는 방법이다.

어떻게 수익이 같을 수 있나?

재미있는 것은 자기 사업을 하면서 남보다 2배 일하는 사람의 수익은 정확하게 2배가 되는 것이 아니다.

2배, 3배, 4배…10배. 알 수가 없다. 수익의 증가는 정비례가 아니다. 어느 순간 그래프가 급상승하게 되어 있다. 그 이유는 어느 순간은 나의 노력 외에도 판매할 수 있게 만드는 요소들이 생기기 때문이다. 소개, 기업 고객의 대량 매입, 고객의 재구매 등 내 노력 외에도 판매가 이루어지기 때문이다. 물론 내 노력 외의 판매도 내가 뿌린 씨앗을 거두는 형태이니 나의 노력인 것은 맞다.

주 72시간 일하는 것은, 사실 평생도 할 수 있는 아주 여유 있는 시간대다. 내가 종사하는 부동산 중개업에 비유해서 중개업을 처음 시작하는 초심자, 초보 병아리 공인중개사들에게 일을 처음 시작해서 6개월 정도는 이렇게 살면 어떻겠냐는 제안을 적어보겠다.

잠 6시간 반+식사·커피 1시간 반 이내+이동(출퇴근 포함) 3시간=11시간

하루에 13시간을 확보해서 일할 수 있다. 주 6일이면, 78시간이다.

가급적 일요일 오후에 2~3시간 정도는 회사에서 다음 주 일할 것들을 정리하는 준비 시간을 가져보는 것도 좋다(내 경험상 월요병이 없어진다).

이런 시간 활용이면 80시간을 일하게 되니, 정확히 샐러리맨의 2배를 일하게 된다. 6개월을 이렇게 산다면, 샐러리맨의 1년 치 업무 시간을 가져가는 것이다. 이렇게 계산을 하다보니, 반성을 하게 된다.

일론 머스크는 주 100시간도 넘게 일한다고 들었다. 우리는 모두 대부분, 거의 99.99999999% 일론 머스크보다 돈이 없다. 우리 주변에서 흔히 보이는 고3들도 주 100시간이 넘는 공부를 이미 하고 있다.

고3처럼 일한다면, 우리 누구라도 성공할 것이다.
영업의 세계에서는 그렇다. 그렇다고 믿는다.

내 마음대로 시간을 쓸 수 있는 좋은 직업이 영업이라고 표

현하고는 한다.

시간의 주인이 되는 것이 진정한 워라밸이다.

이런 숨찬 열정의 일상 속에서 고소득을 낸 당신이 2주가 넘는 시간이라도 번 돈으로 가족들과 뉴욕 여행을 하고 오겠다고 해도 말릴 사람은 없을 것이다. 내가 원하는 시간만큼 일하고 내가 원하는 시간에 눈치 보지 않고 쉴 수 있는 삶이 진정한 시간의 주인이 되는 것이라고 믿는다.

시간보다
더 큰 투자는 없다
: 오늘 자고 내일 일어나는 일상이
당연하다는 착각을 버려라!

가끔 병원 장례식장에 갈 때가 있다.

얼마 전 일원동의 서울대 병원 장례식장에 조문을 간 적이 있다. 상주 되시는 분이 엄청나게 유명한 기업에 있으셨는데 장례식장에는 배달된 조화가 너무나 넘쳐나서 모두 늘어놓을 수 없는 정도의 상황이었다. 결국 몇 개의 조화를 제외하고는 그 넓은 장례식장 벽과 복도 벽에 조화를 보내준 분들의 이름이 적힌 리본만 잘라서 붙여놓았던 기억이 있다.

이렇게 대단한 분들도 결국은 돌아가셨다. 장례식을 갈 때면, 인생의 유한함을 늘 생각하는데 일상으로 돌아오면 본인은 절대 죽지 않는 불멸의 존재처럼 세상을 사는 사람들을 많이 보게 된다. 나는 늘 시간을 아끼자고 이야기하는 편인데 내가 자력으로 날려버리는 시간도 아껴야 하지만 타인에 의해서 날려버리는 시간의 절약도 매우 중요하다. 부동산 중개일을 하다 보면, 부자 고객들은 아무 생각 없이, 아무 대가 없이 부동산 공인중개사 등에 연락해서 상담받고 정보를 얻는다. 그러고는 정작 일을 주지는 않는 경우를 어린 시절에 많이 겪었다.

28년을 한 가지 업에서 종사하다 보니 나를 찾는 고객들도 적지는 않은 편인데 시간을 무작정 날려버리게 만드는 건물을 가진 사람들을 만나고 나올 때면 화가 난다. 무슨 권리라고 생각하고 '내가 너를 불러서 만나줬다'라는 식의 마인드를 가진 부자들을 만날 때는 화가 난다. 제대로 좋은 품질의 부동산 서비스를 기대하는 고객들, 부자들은 대가를 지불하고 상담하거나 계약을 하고 일을 주문하는 경우도 많아졌기 때문에 나는 '용역 계약'을 체결하고 일을 하려고 하는 편이다. 고객에게 잘 설명해드린다.

조만간 상담 약속을 맛집 예약하듯이 네이○ 같은 플랫폼을 활용해서 유료 예약 상담으로 진행하려고 한다. 내가 업에서 어떤 주도권을 갖고 갑과 을이 아니라 내가 받은 대가에 맞는 서비스를 제공할 수 있도록 나를 성장시키고 서비스의 품질을 높여야 한다는 생각도 동시에 한다. 변호사, 세무사는 상담료를 받고 예약한 고객을 만나며 정식 의뢰 시에는 계약을 맺고 착수금도 받는 등의 프로세스를 갖고 있다. 의뢰한 일이 성공 시에는 정식 잔금의 인센티브도 받는다. 그렇다면 보통의 이혼 소송과는 비교도 안 되는 수백억 원의 빌딩을 채우거나 매매한 중개사들은 왜 그런 대접을 받지 못하는 것일까? 서울대를 나와서 사법고시나 변호사 시험을 통과하는 것이 공인중개사 시험보다 훨씬 어렵기 때문일까(그런 이유도 있겠지만)? 실제 이유는 업계의 전반적인 수준이다. 세상이 가지고 있는 일반적인 평판이나 직업으로써 평가받는 선호도 같은 여러 요소가 있을 것이라고 생각한다. 그러나 모두가 똑같이 저가로 평가되는 것은 아니기도 하다. 어떻게 하면, 높게 평가받을 수 있을까?

결국은 고객이 먼저 찾는 완성도 높은 서비스를 제공할 수 있는 사람으로 우뚝 서야 한다. 흔히 이야기하는 브랜딩이 되어야 한다. 브랜딩이라고 해서 유튜브 같은 곳에서 이름 알려지는 유명세 같은 것 말고 업에서의 능력이나 마음가짐 같은 것들 말이다. 부동산 중개를 포함해 각 업을 하는 전문가(?) 중에서 시대에 맞게 유튜브를 하는 사람들이 많다. 그 유튜브를 보면서 유명인이 되어 실버, 골드 버튼을 받은 사람들도 많다. 나는 그런 유명 유튜브를 운영하는 공인중개사 중에서 중개는 정작 못하는 사람들도 많이 봤다. 무엇이 좋다, 나쁘다가 아니라 '자신의 영역에서 수익 창출을 하는구나'라고 생각하면서 그러려니 하지만 공인중개사라고 생각할 수 없다. 거래를 못 시키는 중개사를 중개사라고 이야기하기가 좀 그래서인데, 비난하는 것은 아니다. 그 역시, 열심히 사는 일환이라고 긍정적으로 생각한다.

정리해보자! 시간을 왜 아껴야 하고 그런 금과 같은 시간은 어디에 투자해야 하는가?

자기 성장을 위해 시간을 아끼고 아낀 시간에 나의 성장을 위해 무언가 배우는 것에 사용한다. 일을 더 해도 좋다. 이 긴 우주의 역사에서 먼지조차도 되지 못하는 한 명의 인생이지만 무언가 흔적을 남겨야 한다면, 돈이나 명예보다는 나에게 떳떳해야 한다고 생각한다.

"한평생 잘 놀다 갑니다."
임종 전, 이런 한마디가 나온다면 좋겠다.
임종 전, 한마디가 후회로 가득 차 있다면 그건 너무나 덧없을 것 같다.

월화수목금금금

앞서 이야기한 글들을 읽었다면, 이 의미는 알 것이다.

어떤 일을 최근 시작했는가?

일단, 주 7일을 일하고, 매일 13시간 이상 일해보라!

평생은 아니고 6개월 정도는 불태워보라.

어디서라도 내가 이 일에서 전문성이 있다고 스스로 당당히 이야기할 수 있는 경지에는 도달해야 한다.

흔하디흔한 공인중개사, 흔하디흔한 변호사, 흔하디흔한 ○○○이 되지 마라.

주 7일

월화수목금금금

최소 6개월

자리 잡힐 때까지!

일과 개인생활의
경계를 없애라

일과 개인생활의 경계를 없애라는 말을 들으면 숨이 막히기도 할 것이다.

28년 차 부동산 컨설턴트, LMer(임대 대행 업무 하는 사람) 등 내가 나를 소개하며 "내 직업은 이겁니다"라고 할 때, 어떤 직업이라고 이야기해야 할까? 이런 것을 고민해본 적은 없는데 나를 여러 가지로 부르는 사람들이 늘어났다. 본캐(원래 직업)는 부동산 영업인데, 부캐(본업 외, 나의 캐릭터 부차적인 캐릭터)가 여러 가지이기도 하지만 나를 어디서 어떤 경로로 만난 사람인지에 따라서 나를 다르게 부르게 되었다. N잡러(직업이 여러 가지인 사람)처럼 되어버렸다.

'N잡러'라고 표현을 할 수는 있어도 부캐들이 본캐와 모두 연관성, 연장선에 있고 본캐인 '일'의 경계에서 발생한 스파크

(불꽃)들이 부캐를 계속 만들어가게 되는 것이다. 내 주변에서 나의 일과 개인 생활의 경계를 드나드는 삶 속에서 나를 부르는 말들을 나열해 본다.

1. 우선 집에서는 연우 아빠! 연주 아빠!(내가 제일 좋아하는 호칭이다) 애들은 그냥 아빠가 아니고, 아~~빠아! 이렇게 부른다.
2. 회사에서는 의장님은 노 대표(약간 경상도 악센트로~)라고 불러 주신다. 정감 가는 악센트로 불러 주신다(노는 짧게 0.5초 떼고 대표는 후다닥 0.3초 정도로 부르시면서 '표'자 발음 끝부분에 목이 메시는 걸 가끔 느낀다).
3. 부하직원들은 대표님이라고 부른다.

재미있는 것은 고객들인데, 나를 만났던 시점의 호칭으로 부르시는 분들이 많으시다. 노 과장, 노 차장, 노 부장, 노 팀장, 노 이사, 지점장님, 노 부사장, 노 상무, 노 본부장, 노 대표 등 다양하다. 사실 일로는 나를 뭐라고 부르든지 관심이 없다. 이중 개인적으로는 노 부사장이라는 표현을 가장 싫어한다. '부'자 중에서 한자 표현으로 부자의 부는 좋고, 부사장의 부는 내가 제일 싫어하는 한자다(그냥 그렇다는 이야기다).

부캐가 여러 가지인데, 직업과 완전히 무관한 것은 없는 것 같다. 나의 N잡러 스토리를 이야기해보겠다.

내가 총 4개의 회사에 다녔는데, 모든 회사에서 영업을 하는 부동산 컨설턴트였지만, 사내 교육 담당자이기도 했고, 회사가 나에게 시킨 적도 없는데 독서모임, 신입 교육 OJT, 부동산 동네 투어 모임 등 다양한 프로그램을 만들어서 했다. 지금은 지속적으로 무언가를 계속하고 1년이면 3~5번은 모멘텀을 유지하기 위한 나 혼자만의 성장 프로그램을 만들어서 스스로 채찍질을 해왔다.

교육과 관련한 부캐로 나를 만난 사람들은 나를 코치라고 부른다.

부동산 영업 교육을 맨날 하고 다니는 사람이라고 학원이나 대학교, 대학원, 기타 기관에서 강의 요청이 많은데 가급적 시간이 맞으면 강의 의뢰를 받아들인다. 그냥 재미라고 해두자! 이런 경우, 나를 교수라고 부른다.

강의나 세미나를 많이 하다 보면, 교재, 교안을 많이 만들게 되는데, 이런 교재들을 정리하고 내 사고방식을 더해서 책을 여러 권을 냈다. 공저가 1권, 혼자 단독으로 낸 책이 3권인데, 4번째, 5번째 책의 원고도 거의 다 만들어져 있기 때문에 2025년 말이면 낸 책이 6권에 이르게 될 것이다. 출판사에서는 나를 작가라고 부른다.

직업과는 큰 상관 없어 보이지만, 내가 좋아하는 호칭으로는 '속초 탐험가'가 있다. 나는 토요일 새벽 4시쯤 출발해서 5시 40분에 낙산해변에 도착해 바다를 산책하고 낙산사에서 기도를 올린 후, 아침을 먹고 커피를 마신다. 9시에 문을 여는 속초 동아서점에서 다음 주에 읽을 책을 사고, 9시 10분쯤 서울로 다시 출발해서 11시에 어린이대공원 옆인 집으로 돌아오는 루틴을 갖고 있다. 목적은 출발하는 새벽에 차에서 혼자 음악 없이 생각하고 기도를 하는 묵상의 시간을 갖는 것이다. 일주일간 과열된 머리도 식히고 멍하니 서울양양고속도로의 환한 터널 구간들을 달리면서 한 주를 마감하고 다음 주를 계획하는 생각을 1시간 반 정도 집중해서 한다. 그 생각들은 정답은 아니지만, 유사 답안들을 스스로 생각해서 만들어내고 바닷가 앞에서 테트리스 게임처럼 그 틈이 메워지면서 정답에 가까워진다. 늘 외치는 한 마디가 있다. "아~! 그렇게 하면 되겠네~!" 나의 종교적 활동이라고 해두자!

재미있는 것은 일부 나의 속초 탐험가 생활을 아시는 강원도 분들이 부동산 상담을 위해서 속초 동아서점으로 나를 찾아오시기도 한다. 나를 만나기 위해 낙산사, 동아서점 등으로 찾아오시는 지인들도 있다. 약속을 안 하고도 찾아오신다. 어차피 그 시간에 내가 거의 특정 장소에 있을 거라는 것을 아시기 때문이다(나는 저격당하기 딱 좋은 루틴을 가지고 있다).

무언가를 하면 몰입하고, 좋아지면 계속 좋아하는 성격이다 보니, 직업도 28년째 유지하고 있고 오랜 지인도 많다. 그지인들과 고객들과 놀이든, 일이든, 회사 생활이든, 작가 생활이든, 속초 탐험가로서도 모든 24시간, 일주일간의 깨어 있는 시간 동안의 활동은 실제로는 연결되어 있다. 커피를 좋아해도 평일에 핫플레이스 커피숍을 가는 것은 업무 방해가 되지만 간다. 내 고객은 대부분 강남 부자분들이나 대형 건물 소유사 담당자, 대형 건물 입주자셔서 그분들이 머무는 장소인 커피 지옥, 핫플레이스로 가는 것이다.

"○○대표님! 대표님 회사 근처에 맛있는 커피숍 있는데, 거기서 만나실까요?"

승낙의 답이 오면, 주소를 보내드린다. 그게 커피 즐기면서 일하는 방법이다. 커피를 주문하고 기다리는 동안 커피숍 인테리어나 커피 맛을 이야기하면서 아이스 브레이킹(Ice Breaking)도 되고 대화가 사무실에서의 딱딱함과 다르게 잘 풀리는 경우도 많다.

가족과 주말에 식사나 미술관을 가더라도, 지나던 길에 신축 빌딩이 보이면, 잠깐만 하고 차를 세우고 건물에 들어가보고, 현장에 건물주나 건물주와 연락되는 사람이 있는지 찾아본다. 24시간 일에 대한 안테나는 켜두고 살면 된다. '지금부터는 휴일이야, 지금부터는 일하는 시간이야' 이런 경계를 두고 사는 것을 추구하는 사람도 있고, 일반 회사의 샐러리맨은 그래도 좋다. 하지만 무언가 크리에이터(세일즈맨은 무엇을 팔던지, 무에서 유를 창조하는 마인드와 맞닿아 있기 때문이다)와 같은 삶을 사는 사람은 늘 안테나를 올리고 있어야 한다.

경계 근무를 서는 삶! 이런 표현이 좋겠다.

크리에이터와 같은 삶, 이 표현이 마음에 든다.

거창한 창조까지는 아니고, 내 삶 정도는 내가 만들어보면 좋지 않은가?

✦
워라밸은
없는 단어라고 생각하라

워라밸은 없는 단어라고 생각하라는 의미는 놀지 말라는 뜻이 아니다. 실제로는 '찐~' 워라밸을 실천하라는 의미이기도 하다. 과거 P그룹에서 7년 정도 근무한 적이 있다. 당시에 한국에서 제일 높은 빌딩의 임대차, 자산관리 팀장으로 입사 제안을 받았다. 오피스 임대차라는 일이 직업인 나에게 국내 1위 고층 빌딩 담당이라는 타이틀은 너무 좋았고 즐거운 회사 생활이었다. 대형 빌딩의 임대차, 자산관리, 시설관리에 대해서 공부하면서 부동산 일을 하는 기분이었다. 사실 부동산업을 하면서, 5만 평, 6만 평 규모의 건물 담당을 하고 업무에 관여하는 일은 흔한 기회는 아니다.

대기업이다 보니, 부서도 많고 이벤트도 많았는데, 아이러니하게도 내가 회사에서 뽑은 '최고의 워라밸 실천 직원'으로 선정되어 상을 받은 적이 있었다. 괜히 이상한 상을 받은 느낌이었다. 상을 받은 이유는 '일과 일상'의 경계를 안 두고 '뭐하는 김에 다른 것도 하는' 이런 모습과 야근도 저녁 공부처럼 하는 모습, 주말에 박사과정 다니면서 그 배운 전공을 일에서 제안하는 데 사용했던 모습 등이었다. 휴가를 정말 강제로 쓰라고 할 정도로 쓰게 하고 복지도 좋았던 대기업이라서 1년에 5번 정도는 명절이나 2~3일 연휴가 자연스럽게 생기는 시즌에는 별도로 휴가는 하루도 쓰지 않았던 내가 도쿄 부동산 투어를 1년에 4~5번이나 갔다 와서 견학 내용을 사내에 공유도 했다. 그룹사 형님 회사인 ○○○건설의 ○○○폴리스 설계에도 참고하도록 동반 투어를 간다던 모습을 회사에서 잘 봐준 것 같았다.

일과 일상의 경계를 두기보다는 깨어 있는 시간 동안 내 앞에 놓인 시간과 일거리가 내 인생의 꿈에 부합하는지를 먼저 보자. 내 앞에 놓인 일이나 시간이 일상이고 퇴근 후이거나 주말이거나 무관하게 '실행'해서 내 인생에 도움이 된다면 그냥 하면 된다고 생각한다. 반면에 그런 경계가 없는 생활 속에서 내가 좋아하는 것들도 눈에 보이면 병행해서 하면 된다.

주말에 커피숍 도장 깨기를 하면서 커피 애호가의 삶을 별도로 살지 말고, 때로는 점심시간에 밥을 안 먹는 대신에 직장 근처에 새로 생긴 화제의 커피숍을 가보는 것은 어떨까?

점심시간에 내가 즐겨 하던, 근처 미술관이나 갤러리를 가본
다든지, 내 친구처럼 점심시간 한 시간의 미친 몰입으로 회사
구석에서 공부해서 감정평가사 같은 자격증도 따보겠다는 그
런 마음이면 할 것들은 다하고 일도 풍요롭게 생활도 풍요로
울 것이다. 밀린 잠이나 진짜 놀고 싶은 것은 일요일이나 퇴
근 후 해도 충분하다.

공부에
투자하라

: 투자 수익률이 가장 높은 투자는
스스로 공부에 투자하는 것이다

미국 주식에 투자했는데, 이익을 봤다, 손해를 봤다!

○○○에 아파트를 분양받았는데, 집값이 반 토막이 났다.

비트코인에 투자해서 대박이 났다.

이렇게 돈을 벌거나 잃은 이야기는 너무나 흔하다.

나는 아무리 돈 많이 벌고 잘 나가는 투자 성공의 사례가 있다고 해도 그 수익률에서 완전 100% 흑자만 나는 투자는 없다고 생각하는데, 딱 하나 무조건 흑자가 나는 투자가 있다. '바로 나의 공부에 투자'하는 것이다. 수익률의 차이는 있겠지만 무조건 흑자다. 특히 당신의 꿈에 다가가기 위해 꿈에 근접한 업종의 직장에서 근무하면서 워라밸을 내세워 노는 사람들이 놀 시간에, 주말에, 퇴근 후 저녁 시간에 학교를 다니라는 것이다.

꼭 학위 과정은 아니라도 책을 읽거나 관련 세미나나 특강을 찾아다니는 것도 의미가 크다. 다만 내 꿈에 다가가기 위해 관련된 공부를 모여서, 큰돈(등록금)을 내고 다니는 대학원이라면 인맥을 쌓거나 향후에 나의 꿈을 같이 할 사람들을 찾기 쉬운 기회가 될 것이라 강력하게 추천한다. 세상을 살면서 비슷한 꿈을 갖고 모인 집단 중에서 가장 경계심이 낮고 짧은 시간에 형·동생이 될 수 있는 곳이 대학원이기 때문이다. 일부로 고객이 될 만한 사람들이 모여 있는 스터디그룹, 독서모임 개설, 투자 클럽 가입, 대학원, 동호회 등에 가입하고 활동하는 이유도 같다. 심지어 종교 활동조차 말이다.

앞서 언급한 워라밸 이야기와도 일맥상통하는 이야기다. 누구나 회사 야근과 저녁에 대학원이나 공부를 위해 투자하는 것은 다른 것으로 느낄 것이다. 퇴근 후에는 취미, 놀이, 음주가무 이런 힐링, 휴식이라고 포장된 놀이를 해야 한다는 시간 버리기 강박증에서 벗어나야 한다.

공부에 내 몸속에 DNA를 더 능력자로 만들어주는 가장 쉬운 방법이다. 내가 오늘보다 더 나은 나로 태어나기 위해 가장 쉬운 방법이기도 하다. 그래서 공부에 투자하는 돈은 날릴 일이 없는 것이다.

온전히 내 몸속에 쌓인다.
경력, 이력서에도 같이 쌓인다.

고객이 나를 선택했다고
무조건 일해주지 마라

예전에 판매자, 구매자의 관계는 갑을 관계인 경우도 많았다. 정확히 이야기하면 이 경우 판매자는 영업사원, 중간에서 거래시키는 사람인데 제조사와 같은 경우도 있고 제조와 판매가 다른 경우도 있다.

'돈이 아무리 많아도 롤스로이스는 못 산다고?'

초등학교(국민학교) 시절, 나는 자동차를 너무나 좋아했다. 그 마음이 2024년까지 이어지고 있다. 4학년인가? 그때부터였을 것이다. 학교에서 쉬는 시간이면 스프링 달린 갱지와 같은 연습장에 볼펜으로 자동차 그림을 그렸다. 대부분은 내가 생각나는 대로 그렸는데 누구나 그렇지만 무엇인가를 좋아하게 되면 찾아보지 않는가? 당시는 지금은 상상도 못 할 '인터넷

이 없는 시절'이었다. '검색'이라는 단어는 도서관에서나 사용하는 단어였을 것이다.

용돈은 늘 충분히 주셨던 부모님 덕분에 초등학생이 매달 그 빨간색 표지의 자동차 생활(국내 최초의 자동차 월간지로 기억한다) 잡지를 기다렸다. 이달은 어떤 자동차가 나왔는지가 궁금했다. 당시에는 해외여행 금지 상황이라 어지간해서는 해외를 가는 것은 힘든 시기였는데 제네바 모터쇼나 디트로이트 모터쇼 기사를 읽을 때면 마치 20대 대학생 시절 예쁜 학교 여학생 때문에 마음 설레던 것과는 비교도 안 되는 기쁨을 느꼈다. 그 차에 빠졌던 시절 나에게 가져다준 충격이 바로 '돈이 아무리 많아도 롤스로이스를 못 산다'였다.

그 어린 마음속은 황금 만능주의로 가득했는데, '돈으로 안 되는 것이 있다고?' 이런 마음이었다. 지금 2024년은 어떠한가? 롤스로이스는 가치가 떨어졌다. 차의 품질이나 성능은 어떤 면에서는 좋아졌다. 일단 엔진 성능, 차체 강성 및 안전성 등은 너무나 향상되었다. 반면에 손을 나무를 조각해 만들던 내부는 나무로 느껴지는 플라스틱 등이 많이 쓰이고 디자인이 멋진데 그냥 멋지다. '와~' 이런 소리는 안 나온다. 가장 큰 이유를 나는 이렇게 생각한다.

이제 누구나 돈만 있으면 살 수 있다.

돈만 있으면, 어떤 직업이든, 어떤 인성이든 다 살 수 있다.

어떻게 보면 당연한 일인데, 돈으로 다 되는 것에서는 어느 순간 '굉장함~! 감동, 감격, 환호…' 이런 단어들이 생각나지는 않는다. 일본에 자주 가는 편인데, 도쿄 시내에서 저팬 롤스로이스라고 불리는 토요타 센추리가 지나가는 모습을 만날 때가 있다. 일본 왕(천황, 텐노)가 타고 다니는 차고, 왕이 있는 나라다 보니 아직도 고관대작, 귀족이 있고 2차 대전에 패했지만, 오래된 재벌들이 많은 나라다. 그 차에는 그런 사람들만 타고 있다고 느껴지게 만드는 차다. 차를 팔 때, 사람에 대해 평가를 하고 심사를 거쳐서 판다고 알고 있다. 심사에 탈락한 부자나 힘(?) 있는 사람들은 중고로만 살 수 있다고 하니 길에서 센추리를 만나면 쳐다보게 만드는 효과가 있다. 그 구식의 차는 수십 년 디자인도 그대로다. 최근 3년 전인가 신모델이 나왔는데 그 신모델 출시 자체가 화제가 될 정도로 유명세가 있는 차다(다큐멘터리에서 센추리 생산 과정을 본 적이 있다. 오히려 토요타 센추리는 예전의 롤스로이스처럼 수공예(?)로 만들고 있었다. 조금은 과해 보여서 영상을 보다가 '뭐 하는 짓이야' 이런 말을 할 정도였다).

차 이야기를 길게 한 이유는 이 상에서 하고 싶은 강한 이야기를 아주 쉽게 이해시키기 위해서다. 롯데월드타워 전망대를 가본 적이 있는가? 서울이 서라운드로 펼쳐져 있고 우리나라의 발전에 감탄하게 만들어주는 빌딩이다. 롯데월드타워 전망대에서 내려다보면, 그 비싼 아파트들이 스마트폰보다 작아보이고 꼬마빌딩은 아예 보이지도 않는다. 삼성역 파르나스 타워, 무역센터도 아주 작아보인다. 전망대에서 바라보면, 제일 흔하게 보이는 빌딩이고 부동산이다.

내 직업인 부동산 중개 측면에서는 팔 수 있는 물건과 살 수 있는 고객이 다 보이는 광경이다. 흔하디흔한 것이 건물이다. 돈이면 다 살 수 있는 것들이다. 돈으로 못사는 것은 몇 개 안 된다. 경복궁, 남대문 같은 문화재뿐일 것이다. 그런 흔한 부동산을 소유한 사람을 만나는 과정이 영업의 과정이라고 볼 수 있다. 만나는 사람은 모두 좋은 사람만 있는 것은 아니다. 부동산은 돈으로 사고파는 것이지 인성으로 사고파는 것이 아니기 때문에 나쁜 사람들도 좋은 부동산을 많이 갖고 있다. 가망고객, 자산가들을 만나다 보면 그런 나쁜 사람들은 이제 첫날 만나자마자 파악이 된다. 나는 그런 사람들의 의뢰는 받지 않는다.

나쁜 사람들, 예의가 없는 사람들의 일을 하다 보면, 내 마음이 '상한다'. 마음을 다친다.

마음을 다치면서 돈을 벌면, 무엇이 인생에서 중요한가를 생각하게 된다.

물론 내 경우에는 그 돈의 크기가 크면 내 마음 다쳐도 해 왔다. 수수료 안 깎이려고 자존심을 버리고, 화난 고객을 달래 려고 길바닥에서 무릎을 꿇은 적도 있었다. 나는 그런 성격인 데, 내 후배들이나 내가 코칭하는 사람들에게는 절대 그러지 말라고 한다.

이 세상에는 나쁜 고객 때문에 우울증약을 먹는 영업인들 이 넘쳐난다. 내가 세일즈 코칭을 할 때, 신입 영업인들에게 강조하는 것이 있다. 늘 정해진 수로, 되도록 많은 사람을 접 촉하라는 것이다.

하루에 10명을 만나 1명의 좋은 고객을 만날 수 있다고 가정 하면, 9명은 진행할 수 없거나 그럴 필요가 없는 고객이다. 그 걸 판단하는 것은 진행할 당신이다. 좋은 사람을 만나기 위한 행군이 세일즈다. 만난 사람 중에서 아니라고 판단하는 사람은 고객이 아니니 버려라(고름은 짜야지, 살이 안 된다)!

· 6장 ·

바르게
일하라

상대방이 얻을 이익과
행복에 집중하라

세일즈 하는 사람이 제일 먼저 생각해야 할 것에 대한 이야기다. 영업인으로서 매출 목표(판매 목표)는 누구나 갖고 있다. 그 영업인이 속한 회사도 마찬가지다. 영업을 하는 이유는 판매를 통해 내가 수익을 내기 위한 것이다. 목적이 돈인 것은 맞다. 그러나 큰돈을 벌려면 돈을 벌겠다는 강한 욕망을 꾸겨서 마음속 안에 남이 못 보게 숨기고 겉으로는 다른 것을 내세워야 한다.

"이보게~. 내가 왕이 될 상인가?(영화 속 수양대군의 대사)"
: 이 얼마나 노골적이고 티 나는 질문인가?

보통 대통령 선거, 국회의원 선거를 하다 보면, 자신에게 투표해달라고 이야기하는 후보자들의 이야기에는 공약이라는 것이 있다.

"나를 대통령으로 뽑아주면 나라를 위해 ○○○을 하겠다."
이런 공약에는 잘 살게 해주겠다는 트럼프식 강한 돈 냄새가
난다. 국익 우선의 공약들도 있고, 무슨 성직자와 같이 국민의
꿈이나 바른 사회 같은 이상적인 보이지 않는 것에 대한 공약
도 있다.

상품을 인위적이고 강제적으로 클로징하지 않고 구매자가
스스로 자연스럽게 사게 만들려면, 어떻게 팔아야 하겠는가?

영업을 하는 데 있어서 이상향에 가까운 '고객지향주의' 이
런 것을 내 나름 해석해보겠다. 이해가 쉬운 예를 들어보겠다.
당신이 차를 파는 세일즈맨이라고 상상해보라! 차를 파는 직
업이라면 실제 본인이 차를 파는 모습을 상상해보라! 자동차
판매장에 파카를 입고 온 사람이면, SUV를 살 사람이고, 양복
을 입고 온 젊은 사람은 준중형 살 사람이고, 노신사가 양복
을 입고 오면 고급 세단을 권하면 될까? 파카도 프로스펙스인
지 몽클레어인지 볼 줄 알아야 하고, 양복도 마리오아울렛에
서 산 것인지, 고급 맞춤인지 알아야 한다. 사람을 사진 찍는
것처럼 보는 순간 구매력이나 구매 물품을 권할 정도로 '꽝'
하고 알아채려면 보통 눈썰미로는 안 된다. 실질적으로 불가
에 가깝다. 그러나 초보자도 가망고객 대상자를 만났을 때, 알

아내는 방법이 있다. 생각보다 쉬운 방법이다.

그 방법은 질문을 잘하는 것이다. 질문을 하는 이유는 무언가 파악하고 알아내려는 이유지만 그 파악된 이유가 '필요 스펙' 같은 것이면 효과가 떨어진다.

상황 : 영업사원이 매장에서 새로 나온 고급 세단의 먼지를 닦고 있는 어느 날 오후, 매장에 40대 초반으로 보이는 남자 고객이 들어오고 있다.

영업사원의 첫 마디는 해당 매장이나 회사에서 사용하는 공통 인사를 해도 좋고 그런 것이 없다면 같이 일하는 사람들끼리 좋은 멘트를 정해서 하는 것도 좋다. 인사를 하고 자리에 일단 앉기를 권하고 음료, 물 등을 권한다. 물과 음료를 가져오는 그 짧은 시간에도 고객이 알아서 두리번거리게 만들지 말고 잠깐 읽고 있으라고 또는 보고 있으라고 아이패드 같은 곳에서 돌아가는 아주 짧은 회사 동영상이나 광고 영상이라도 보게 만들어라! 자신의 눈으로 본 것만 믿는 사람들이 더 많기 때문이다. 내가 내 입으로 자동차 소개를 하지 않아도 되는 좋은 방법이다.

음료를 건네면서 자연스럽게 아이스 브레이킹(순간적으로 친밀감 형성)을 한다.

고객이 처음 들어올 때, 관찰한 복장, 신발, 발걸음 자세, 눈빛, 쓰고 있는 모자, 매장에 차를 가져왔다면 주차하고 내릴 때 본 경우에는 어떤 차를 타고 왔는지 나의 인사에 어떻게 대응했는지, 내가 준 음료를 어떻게 마시는지… 모든 데이터를 순식간에 파악해내고, 그중에서 가장 좋은 것을 뽑아 물어보거나, 아니면 오늘의 날씨 등을 화제로 이야기를 건네보는 것이다. 이런 과정을 통해서 대답하는 말투와 모습에서 성향을 파악해볼 수 있다(친절도, 거침 정도, 말투에서 느껴지는 교양도 등).

하하하, 웃음이 짧게 오가고 분위기가 풀리면, 질문을 한다.
고객님~! 오늘날이 참 춥죠?
파카 색이 너무 예쁘네요. 녹색을 좋아하시나 봅니다. 저도 산을 좋아해서 녹색 좋아하거든요(하하하). 혹시, 마음에 생각해두신 차가 있으신가요?

(고객이 이 질문에서 어떤 차를 이야기한다면, 구매 이유 50% 정도는 파악이 된다고 볼 수 있다.)

고객 : 예, 팰리세이드(현대차의 가장 큰 SUV) 새 차가 나온다고
　　　해서요!
영업 : 예, 맞습니다. 지난 모델에서 완전히 새로 만든 신형
　　　모델입니다.

혹시, 평소 아웃도어 라이프를 많이 즐기시나 봐요?
뭐, 캠핑이나 자전거 타세요?

고객 : 예, 애들이 초등학생인데 캠핑 가자고 자주 그러는
데, 지금 차가 승용차라 불편해서요.

자~! 이 정도 대화가 진척될 때, 영업하는 입장에서 바로 팰
리세이드 차의 엔진, 스펙, 가격 같은 것들의 설명으로 바로
넘어가면 안 된다. 심지어 차에 앉아보기를 권하고 더 심각한
것은 바로 시승시키고 그러면 안 된다. 조금 전, 고객은 힌트
를 주었다. 초등학생 애들, 캠핑, 지금은 승용차…. 이런 단어
들 속에서 몇 가지 질문을 던져야 한다.

애들은 몇 명인지, 남자아이인지, 여자아이인지, 몇 살인지,
애들이 캠핑 말고 뭘 좋아하는지, 애들 말고 전체 가족은 몇
명인지, 애들이 평일에 학원 같은 곳에 다닐 텐데 뭘 배우는
지, 아이 엄마는 일하는지, 아이 엄마 차가 따로 있는지, 지금
승용차는 어느 회사 어느 모델의 연식은 어떤지…. 정말 물어
볼 것이 많다. 누구는 이렇게 이야기할 것이다. 이런 질문이
필요한가?

답을 하자면, 이런 질문은 필요하다.
이 질문들에 답을 하게 되면, 그 답은 본인이 본인 가족의

얼굴을 떠올리면서 미소 지어질 질문들이고 그 미소 속에 파고들어 그 사람이 내가 권할 차에 대해서 그냥 차가 아니라 행복을 담는 달구지(자동차)로 생각하게 되기 때문이다. 때에 따라, 그 사람이 보겠다고 온 자동차보다 더 고객에게 맞는 차를 소개해줄 수도 있게 된다. 차는 구입해서 1년 만에 새로 사는 그런 편의점 공산품 같은 것이 아니다. 지금 아이가 남자애들인데 초등학교 6학년이라면 그 아이는 1~2년 후에는 아빠와의 캠핑보다 친구와 게임을 하는 것을 더 원할 것이다. 모든 상황을 잘 알수록 컨설팅이 더 정확해지고 그런 질문에 답이 이어지다 보면, 결국은 가장 적합한 '제안(구매할 차)'을 하게 되는 것이다. 이 제안을 할 때, "고객님, 고객님은 이런저런 이유로 ○○차량을 구입하는 것이 좋을 것 같습니다"라고 말한다.

이런 상담 종료 후, 고객이 납득할 제안을 한다면, 고객이 다른 매장들을 찾아다니면서 차를 보고 다니는 불편은 없어질 것이고 당신은 차를 팔게 된다. 그리고 이 제안은 고객의 일상과 가족과의 꿈을 파악하고 내린 판단에서 나온 결과이기 때문에 매우 자연스럽게 구매 계약이 진행하고 이후에 만족도도 높게 유지된다.

이 점을 명심하자! 그냥 상품을 판매하지 말고, 그 상품을 구매한 이후에 고객은 어떤 이익, 혜택 그리고 행복감을 느끼게 될지를 예측해보라는 의미다.

♦

타인의 이익을
최우선에 두고 대하라

선한 영향력, 이런 단어가 요즘 세상에는 많이 돌아다닌다. 그냥 돈이 많아서 남을 도와주는 것은 그 자체도 의미는 크지만, 그냥 돈만으로 좋은 일을 하는 것이 아니라 나비효과처럼 '좋은 에네르기(에너지)'의 파장을 만들어낸다면 더욱 좋은 효과가 증폭되는 것이 아닐까?

타인이 이타적인 행동을 하는 것, 선한 마음을 표출하는 것, 나는 그냥 착하다는 표현보다는 '너그러움, 인자함' 이런 단어를 선호한다. 앞서 자동차 하나를 팔더라도 그냥 강제적 클로징을 위해 일방적으로 몰아붙여 설명하고 시승시켜서 분위기를 구매로 몰아붙여 계약서에 사인하게 만드는 방식이 아니라 그 사람이 차를 사서 가족과 본인이 받을 행복감과 편의성, 이익을 앞세워야 한다고 이야기했다. 어떻게 보면, 이런 행위 자

체가 결국은 내 마음속에 감춰둔 마음(차를 팔아서 돈을 벌어야 한다
는 욕망)을 가장 잘 따르는 방법이다. 당연히 차를 파는 사람을
차를 팔아야 하고, 공인중개사는 부동산을 팔아야 한다. 어떻
게 팔더라도 내가 받는 인센티브나 수수료가 2배 차이가 날
것도 아니다. 그러나 사는 사람, 파는 당신조차도 마음은 판매
종료가 아니라, 즐거움, 행복감으로 끝난다는 것이 큰 차이다.
돈은 그냥 그 행복감에 부수적으로 딸려 오는 것이다. 정말 잘
파는 사람은 물건이 아니라, 사람 마음을 건드리는 사람이다.

　이렇게 사람 마음을 건드려놓으면, 그 마음이 나에게 흔들
린 사람은 충성고객이 된다. 어디 다니다가 누가 차 바꾼다는
이야기만 나와도 적극적으로 그 사람에게 나를 소개해준다.

　소개는 정말 놀라운 기적을 만들어낸다. 소개자의 신용으
로 그냥 아이스 브레이킹, 탐색전 이런 것이 다 생략되고 바
로 구매 계약을 하게 된다. 물론 그 고객에 딱 맞는 솔루션(판
매 제안)을 줘야 하는 것은 당연하다! 그리고 그 소개에 대한 고
마움은 절대 마음속에만 담아두지 말고 꼭 보답한다. 선물이
든, 소개비이든 어떤 형태이든지 그 마음을 당연하게 받아들
이지는 말아야 한다. 그분도 소개를 위해! 나를 위해! 사용한
시간과 노력이 있다. 이분이 소개자가 아니라 동료였다면 거
의 절반에 가까운 인센티브를 배분해야 했을 것이다.

강제적 클로징을
하지 않는다는 의미
: 상대방 마음속에 있는 WHY를 찾아내라!

첫 미팅에서 미팅 시간의 80% 이상은 청취의 시간이어야 한다.

앞서 강제적, 인위적 클로징 이런 단어를 사용했다. 마치 강제로 강매를 하는 듯한 표현인데, 이런 반강매 같은 판매는 사실 일상에서 많이 발생한다. 흔한 일상이다. 홈쇼핑 같은 곳에서 마감 임박, 단돈 99,000원! 10만 원도 채 안 되는 가격, 마지막 기회 등은 결국 반강매로 사람의 마음을 안달이 나게 하는 방법이다. 고가의 상품의 경우도 방법이 더 세분화되고 치밀하지만 이런 방식은 일상에 널려 있다.

그런 세상에서 순진하게 강제적 클로징을 하지 말란 말인가?

영업이라는 것이 'PUSH'가 들어가줘야 하는 것이 아닐까?

이 말도 틀린 말은 아니다. 정확하게 표현하자면, 강제적 클로징을 티 나지 않게 사용하고, 자연스럽고 스스로 판단해 구매하게끔 만들라는 표현이 맞을지도 모른다.

자연스러운 클로징이 이루어지려면 고객의 니즈가 정확하게 파악되어야 하는데 앞서 고객에게 질문을 잘해야 한다는 부분은 이야기했다. 그 파악된 점들로 최적의 방법을 찾아낼 수 있어야 한다. 처음 고객을 만났을 때, 자신의 경력, 실적, 회사 소개 등을 하는 과정에서 고객의 소리보다는 판매자가 더 많은 이야기를 하는 경우가 있다. 엄청 열심히 고객 상담을 한 것으로 생각하면서 미팅이 끝나게 된다. 결국은 파악한 것이 거의 없이 허무한 시간 낭비가 되는 일이 허다하다. 나에게도 많았다. 늘 첫 미팅을 할 때 조심하는 부분이다. 첫 미팅에서 이상적인 시간 안배는 내가 질문 위주로 20% 정도 입을 열고 나머지 80% 시간은 고객의 말을 듣는 것이다.

거래를 위해 필요한 이야기를 듣기 위해서 고객에게 효과적인 질문을 하는 것이 핵심이다. 그 이후의 만남에서는 파악된 내용을 바탕으로 당신이 하고 싶은 이야기나 컨설팅을 하면 된다. 전체 대화 중 시간 안배도 당신의 비중으로 높여나가는 것이다.

말 많은 사람들이
자주 하는 실수

말이라는 것은 정말 잘해도 문제고 못해도 문제다. 세일즈 코칭을 할 때면, 항상 대화, 전화 등 타인과의 대화에서 말조심을 강조한다. 좋은 말도 자주 많이 들으면 짜증을 유발한다. 심지어 타인과의 대화에서 상대방과 탁구 치듯이 핑퐁을 주고받는 대화가 아니라 일방적으로 혼자만 이야기하거나 상대방의 대화를 끊고, 막아가면서 혼자 떠드는 것은 좋지 않다. 이런 상황 자체가 '실수'다. 그런데 더 큰 실수가 일어날 확률이 높아진다는 것이 중요하다.

말이 많은 사람 중에서 대화 내용이 상황에 따라 일관성이 없는 사람들이 있다. 만나는 사람마다 다른 이야기를 하는 경우, 기억하기도 힘들다. 특히 일을 위해서 타인을 만날 때는 판매 조건, 협상 조건 등을 다르게 말하는 경우도 생길 수 있다. 친구나 일상에서 말실수하면 실수를 인정하고 사과를 하면 된다.

그런데 일하면서 말하게 되는 말실수는 '그릇이 깨지는 것'과 같다.

되돌리기가 힘들다. 정말 신중하게 이야기해야 한다. 중요한 이야기에 답을 못할 경우는 답을 애매하게라도 할 수 있어야 한다. 애매하게 하는 표현은 나쁘게 들릴 수 있는데 적절한 표현으로는 '정답, 적절한 답을 찾을 때까지 유예하라는 말이다.' 단, 유예 형태로 이야기하는 것이 면피 목적이나 핑곗거리처럼 느껴지게 하면 안 된다. 때에 따라 모르는 것은 모른다고 솔직하게 이야기할 수도 있어야 한다. 고객은 많은 것을 아는 사람보다 솔직한 사람을 더 좋아한다.

돈보다
일을 앞서 생각하라

정도(正道), 올바른 길을 말한다.

평생 한 가지 일을 한다는 것은 누군가(고객, 고객의 재생산, 소개)를 계속 만나겠다는 것과 같은 의미이기도 하다. 한 번 거래한 사람과 다시 만나고 싶거나 거래가 종료되고 안 만나도 되는데 계속 만나고 싶고 생각이 나는 사람! 주변에 이런 사람이 있는가?

어떤 거래, 상품 판매를 하는 상황에서 앞서 이야기한 대로, 앞 단에 거래의 결실인 나의 이익(돈)을 내 세우지 말고 일로서의 완성도만을 생각해보라! 일의 완성도가 높다는 것은 결국은 고객의 만족도가 높아야 한다는 것이다. 나의 만족도만 높은 거래는 어떻게 보면, 사기다. 고객이 받을 이익과 혜택에 포커스를 맞춰 일하다 보면 고객에게 만족도 높은 결과가 나올 수밖에 없고 과정상 실수나 심지어 결과에서 베스트 결과가 나오지 못한다고 하더라도 고객은 이미 한 팀인 당신과의 팀워크 속에서 상당한 만족을 이미 느꼈을 것이다.

어떤 상황에서는 내가 수임한 일의 결과에 따라 용역비, 수수료, 대가가 작아질 수도 있고 못 받는 일들도 생길 수 있다. 어느 순간은 고객의 평가에 맞는 대가를 받아보는 것도 필요하다. 내가 일하는 부동산 업계에서는 부동산 거래수수료도 고객이 얻은 이익에 따라 상향 인센티브를 적용해 청구하기도 하고 내가 손해를 입혔으면 나 역시 상당한 수수료액을 포기하는 패널티성 수수료, 용역료 제안을 하기도 한다.

빠르고 좋은 조건에 거래시키는 경우, 나의 노력에 대한 대가를 요청하고 건물주가 원하는 조건이 아닌 상태로 어쩔 수 없이 거래되는 경우는 나도 수수료를 하향 청구한다는 말이다. 보통은 일을 시작하기 전에 용역 계약서를 작성하는데, 용역 계약서에는 수수료 규정이 매우 복잡해지고 있다.

'언제까지, 누구를 대상으로, 어떻게, 얼마에, 얼마나 빨리 거래시킬 것인가?'에 따라서 다른 수수료(용역비)를 청구한다는 의미다. 단순히, 거래금액 대비 ○○% 이런 식으로 청구하는 단순 중개 부동산 거래는 하지 않는 것이 내 영업 방침(?), 스타일이다.

그런 사람이 있나 모르겠는데, 어려우면 더 희열을 느끼는 그런 성격이다.

'인테그리티'적인
마음을 가지기

몇 번을 강조해도 부족함이 없는 단어다. 인테그리티(Integri-ty)! 한국에는 이 단어를 표현하기가 힘들다.

이 단어를 그냥 사전적으로 적어보겠다.
인간적/직업적/예술가적 진실성
완전한 상태, 온전함이라는 뜻도 있다.
비슷한 단어로 honesty, honor 같은 단어들이 나온다.
반대말 중에 재미있는 것은 fragility이 있다.

직업적인 진실성은 무엇일까?

내가 하는 일이, 당신이 하는 일이 타인과 연관된 그 무엇이든, 타인에게 온전한 서비스를 제공해야 한다. 내가 그 대가로 돈을 받는다면 말이다. 그것도 타당한 금액으로 말이다. 내 직업에서 설명하자면, 공인중개사가 타인의 전 재산이나 마찬가지인 부동산을 거래하는데, 이런 마음가짐이 없이 교도소 담벼락을 타는 듯한 부도덕 정신으로 일을 하면 안 된다는 의미다. 나의 이익이 아닌 고객의 이익을 먼저 생각하고 그저 열심히 일의 완성도만 높이려고 노력한다면, 결국 좋은 결과가 나올 것이다. 만족한 고객은 뜻밖의 대가를 지불해주기도 한다.

20여 년 전 서울 강동구에 대형 토지를 매매한 적이 있었다. 이 거래 이야기만 하더라도 하나의 강의가 될 만한 긴 스토리다. 기가 막힌 내 고객의 승리였다. 내 고객은 매수자였는데, 나는 매수 컨설팅 용역 비용으로 6개월의 업무 대가로 매매가의 1%의 수수료를 받았다. 그리고 한참이 지나서 연락을 주셨다. 나의 서비스와 매입한 토지의 가치가 내가 매매계약 전 보고한 대로 급상승한 것이다. 너무 기분 좋게 전화해 주시면서, 수수료를 추가로 1% 더 주셨다. 내가 더 달라고 말씀드리지 않았는데도 말이다.

시간이 지나 그 계약한 토지에는 멋진 건물이 들어서 있고, 그 건물주께서는 본인의 집 구입도, 따님의 신혼집도, 가족분의 부동산 매매도, 장모님의 부동산 매매도, 본인 직장의 부동산 일도, 따님의 작업실 계약도, 심지어 사돈의 부동산 상담과 거래에도…. 부동산의 '부'자만 나와도 나에게 일을 주신다. 20여 년이 지난 지금도, 아니 어제도 내 딸의 학업 걱정도 해주실 정도로 툭하면 카카오톡으로 메시지를 주고받는 그런 사이가 되어 있다.

내가 자부하는 것은 나는 그 고마운 고객분의 행복만 생각한다는 것이다.

이사를 하시는 날, 돕겠다고 내 딸들까지 모두 데리고 이사하는 날 댁으로 찾아갔을 정도다. 이삿짐센터가 다 하는데, 내가 무슨 할 일이 있겠는가? 그렇다면 나는 왜? 이사하는 날 고객에게 찾아갔을까?

이유는 없다. 가고 싶었다.
그런 관계다.

수십 년 된 전화번호를
가지고 산다는 것

나는 영업을 시작하고 한 번도 전화번호를 바꾼 적이 없다. 전화기를 많이 갖고 다닐 때는 4대를 가지고 다녔다. 지금은 2대를 가지고 다닌다. 전화가 너무 많이 와서 정신병에 걸릴 정도로 열심히 일할 때도 있었던 기억이다. 지금 그 시절을 생각하면 오히려 반성한다.

더욱더 열심히 할 수 있었는데…. 내가 30대가 아니라, 50대가 되었다. 죽었다 깨어나도 나는 내가 산 날보다 더는 살 수가 없다. 60대 중반에 세상을 떠난다고 가정하면 겨우 10여 년의 한정된 수명이 남은 것이다. 형태가 어떨지는 모르지만, 나는 부동산이라는 직업을 하고는 있을 것이다. 마음 같아서는 멀쩡하게 온정신으로 자력으로 살 수 있는 딱 그 정도까지만 살고 싶다. 무작정 오래 사는 것이 나에게는 의미가 없다.

나는 열심히 살았다.

돈 욕심도 많다. 26살 이후, 내 아버지는 나에게 100원도 주지 않으셨다. 이제는 원망도 바라는 것도 없다. 맹물, 생수와 같은 마음이다. 나는 흙수저는 아니지만, 흙수저다. 학창 시절까지는 풍요로웠고 결혼 이후 우리 부부의 힘으로만 살아왔다. 남의 재산을 다루는 직업이고 속칭 나쁜 마음을 먹으면 큰돈을 나쁜 짓 할 수도 있는 직업이다. 전세 사기 이런 단어들이 공인중개사라는 직업 뒤에 붙어 다닌다. 사실 뉴스에서 부동산 사기 기사를 보다 보면, 욕도 안 나온다. 한심스럽다. 나는 전화번호를 바꿀 이유가 없다. 평생 부동산 일을 하면서 사기치거나 남의 가슴을 아프게 만든 적이 거의 없다. 그러면서까지 돈을 벌 이유가 있을까?

우리 직업은 성실하고 열정만 있으면, 일을 열심히만 해도 돈을 잘 벌 수 있는 정직한 직업이다. 어떤 직업이든지 노력으로 성실로 돈을 못 벌 직업은 없을 거다. 문제는 쉽게, 노력 대비 큰, 아주 큰돈을 벌고 싶을 때…. 전화번호는 계속 바뀌게 된다.

어르신들 말이 맞다.
남의 눈에 눈물 흘리게 하면, 결국 내 눈에서는 피눈물이 날 거다.

선한 영향력을 끼치는 사람이
된다는 것

따뜻한 햇볕을 상상해보자!

꽁꽁 얼어붙은 눈밭도 해가 떠오르면 사르르 녹아버린다.

예전 동화의 한 장면에서 해님과 바람이 내기를 한다.

누가 나그네의 옷을 먼저 벗게 만드느냐?

바람은 옷이 날아갈 정도로 바람을 몰아 불었는데, 오히려 나그네를 옷을 더욱 꽁꽁 싸맸다. 해님은 따뜻한 온기를 주었고 나그네는 땀을 흘리며 옷을 벗었다. 따뜻함을 내면에 갖고 타인을 대하는 마음, 너그러움으로 타인을 대하는 마음은 무슨 교회, 성당, 절에서나 나오는 말만은 아니다. 내가 내 직업에서 정도를 걸으며 올바르게 정직하게 일하면 내 고객이 나를 바로 봐주게 되고 그런 사람을 내가 많이 만들어내면, 업계가 다 그렇게 될 수 있다는 믿음으로 나는 초보 병아리 공인중개사들을 가르치는 일을 일하면서 수십 년째 해오고 있다. 심지어 내 딸도 할 직업이다.

거창하게 세상 구할 것처럼 안 해도 된다.
부동산 업에서는 고객에게 좋은 거래를 만들어주면 되고,
차를 파는 분들은 좋은 차를 골라주면 되고,
식당 하시는 분들은 좋은 먹거리를 제공해주면 된다.

그냥 자기 일을 하늘에 부끄럼 없이 열심히 하면 그 자체가 선한 영향력이라고 생각한다. 부동산 업계에 아직도 무슨 회장 명함을 만들어 가지고 다니면서, 사람들을 울리고 다니는 사람이 많다. 예전에는 정말 많이 목격했다. 요즘은 잘 못 만난다. 내가 까마귀 서식지 근처에 가지도 않지만, 그런 사람들도 많이 줄어든 것도 사실이라고 믿고 싶다.

◆

이타심을 가지고
일을 한다는 의미

큰 의미에서의 이타심은 그냥 자기 자리에서 스스로 바르게 살면 되는 것이라고 짧게 말하고 싶다.

유니세프 같은 이타심까지는 바라지도 않는다.
나도 그렇게 못하고 살고 있기에 이타심을 감히 이야기해도 되나 싶지만, 타인에게 이로움을 주려는 마음은 한국이라면 모두 DNA 안에 있다고 생각한다.

홍익인간 정신이다.
설명이 필요 없다.

한 업종에서
오래 일한 사람의 착각
: 그냥 오래 일했다고 전문가가 되는 것이 아니라
제대로 배워야 되는 것이다

일을 잘한다는 것, 일류가 되는 방법 등 세상에 나와 있는 엄청난 자기계발서들을 읽다 보면, 알게 되는 진리가 있다. 그런 책을 읽는 사람들 대부분은 오늘보다 나은 내일을 살고 싶은 마음이 있는 사람들이다. 재미있는 것은 가만히 한 업종에서 오래 일했다고 연구도 하지 않고 공부도 안 한 사람이 저절로 전문가, 고수가 되지는 않는다는 것이다. 그냥 오랜 시간을 보낸 것만으로 완성도가 높아지는 것이 있을까? 하나는 있다.

죽음의 완성!

아무렇게나 살아도 죽을 날은 찾아온다. 내 주위에도 진짜 열심히 안 사는데, 할 짓 다 하면서 돈이 안 벌린다고 투덜대는 사람들이 있다.

어휴~! 매가 약이다(ㅠㅠ).

어떤 일을 하든지, 처음 시작해서 완전 고수까지는 아니더라도 어느 정도 그 일에서 상위권이 되는 것은 노력으로 가능하다고 믿는다. 《폴리매스》라는 빠르게 전문성을 갖는 방법의 책도 있다. 영업의 세계는 어떤가?

영업! 판매를 위해서 가장 중요한 것을 우리는 다 안다.

그 다 알고 있는 것을 갖추기 위해서는 물리적으로 시간이 필요하고 그 시간을 얼마나 초심자일 때 투입하는가에 따라서 그 시간을 단축할 수 있다. 몇 년 전 내가 코칭 중이던 초보 공인중개사가 송파구 삼전동에 빌딩을 사고 싶다는 고객이 있는데 매물이 마땅한 것이 없다고 해서 같이 영업을 나갔다. 지역 공인중개사를 통해서 매물을 찾을 수도 있고 해당 지역에서 산책(파밍)하면서 고객과의 상담 결과에 따라 적합한 빌딩을 발견해내고 그 건물주에게 직접 매도 의사를 물어보는 방법도 있다. 다양한 매물 발굴 방법이 존재한다.

그날은 가장 위치가 좋아 보이는 1층 중개사무실이 있어서 공동 중개할 만한 매물이 있는지 물어보러 중개사무실로 들어섰다. '그 경계의 눈빛.' 오래된 중개사무실 중에는 다 그런 건 당연히 아니지만, 상당히 불친절한 곳들이 많다. 서비스 업종인 중개사무실은 뭐 하러 하는지 모르겠다. 하여간 공동중개가 가능한지 묻고 매물을 물어봤다. 자기가 선배라고 생각했는지 어려보이는 내 부하직원에게 이런저런 거지 같은 덕담을 해주시고 있었다. 듣다가 나는 그 부동산 중개사무실 사장님께 질문을 드렸다.

나는 심술보도 갖고 있어서, 짓궂은 질문을 했다. 아주 친절하게!

"사장님! 30년을 한 자리에서? 대단하십니다. 이 건물이 사장님 소유이시죠?"

"에이, 아니지. 이거 엄청 비싼데."

"4층밖에 안 되는데요?"

"70억 원이 넘어."

"그럼, 다른 부동산 투자는 많이 하셨죠?"

"그럼. 경기가 안 좋아서 영종도에 사둔 땅 값이 많이 내려가서 고민이야."

"그러세요? 사장님! 사장님은 저희 직원한테 지금 하신 말씀은 앞으로 하지 마세요. 한 자리에서 30년 했는데 투자도 못하고 이 작은 중개사무실 하시면서 공동중개로 같이 거래하자고 온 저희 같은 사람들 가르치려고 하지 마세요! 제 부하직원이 사장님보다 이 동네 더 잘 알아요(그렇게 말하고 나오는 내 뒤통수에는 많은 욕이 날아왔다)."

알게 뭐란 말인가?

　나오면서, 길을 걸으면서 부하 공인중개사에게 다시 한번 이야기했다. 모든 직업은 그냥 오래 했다고 전문가가 저절로 되는 것이 아니라고. 제대로 열심히 배운 사람이 나이, 연차 무관하게 전문가가 될 수 있다고….

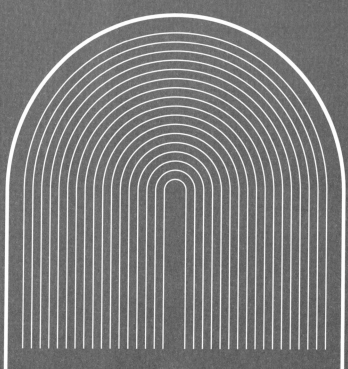

• 7장 •

왜
망설이는가?

미라클 모닝이
필요한 이유

유명 강연자이자 교육 사업가인 김미경 대표의 젊은 시절 이야기는 너무나 유명하다. 피아노 학원을 개원했을 때, 학원 운영에 어려움이 생겨 전전긍긍한 세월이 있었다고 한다. 그분의 유튜브 강의에서 피아노 학원 경영 악화를 극복한 사례는 너무나 감동적이었다.

존경하는 이나모리 가즈오 회장님의 표현을 빌리자면 이렇다. "신에게는 빌어봤나?" 딱 이 표현이 맞는 행동을 통해 김미경 대표는 '어려움'을 이겨냈다. 새벽에 일어났고 김 대표는 '영'이 살아 있는 시간인 4시대에 일어나 몇 명 안 되는 학원생의 피아노 학원에서의 생활, 아이들의 이야기를 손편지로 써서 학부모에 보내드리고 새로운 수강생을 모집하기 위해 동분서주했다고 한다. 몇 명 안 되던 학원생이 수백 명에 이르는 상태까지 확장되었다. 이런 사례가 퍼지고 퍼져 강연장에 서게 되었고 지금의 김미경이라는 독보적인 교육 콘텐츠 회사의 대표가 되었다. 물론 그분도 살면서 어려움이 계속 있었다. 개인적인 일도 있었고 코로나 팬데믹 같은 어려움이 찾아왔다.

사람이 세상을 살다 보면, 어려움이라고 표현하기에는 힘든 '만리장성 벽'처럼 느껴지는 고난을 겪게 된다. 나 역시 많은 고난을 자의 반 타의 반 겪으면서 살아왔다. 기본적으로 성공이라는 단어까지는 아니라도 실패하지 않는 사람은 이런 벽을 만나면 마음이 답답하겠지만, 벽을 넘거나 뚫을 방법을 생각한다. 몇 번 생각하는 것이 아니고 벽을 넘거나 뚫을 생각이 나올 때까지 시도한다는 것이 중요 포인트다.

새벽 4시대, 5시대에 일어나 하루를 준비하고 마치 올림픽 육상 100미터에서 스프린터들이 출발 총소리를 듣자마자 튀어나가듯이 아침을 시작하는 사람들이 이 세상에 섞여서 살고 있다. 하루 이틀은 미라클 모닝을 흉내낼 수 있다. 그 다짐을 침소봉대(針小棒大)해 하루 이틀 새벽에 일어나보고 바로 작심삼일(作心三日)이 되는 사람도 많은데 이때가 중요하다. 반성하고 계속 계획을 이어나가는 사람이 있고 흐지부지하는 척하면서 안 하는 사람도 있다. 후자가 훨씬 많다. 요즘은 SNS, 인터넷 세상이고 전 세계인이 손바닥 위에 전 세계 연결 소통 기기를 들고 살기 때문에 이런 미라클 모닝 같은 결심은 세상의 시스템을 잘 사용하면 성공하기도 쉽다.

스스로 결심을 세상에 알리고, 스스로 〈트루먼쇼〉의 트루먼이 되면 된다.

내가 무슨 생각으로
왜 이런 행동(일, 영업, 뭐든)을 하는지
나에게 호기심을 가지게 만드는 것도 필요하다.
세상에 나를 다 까발리고 사는 삶을 선택하는 사람들이 많다.
다 이유가 있다. 나 역시, 나를 다 까발리고 사는 사람이다.
나에게도 이유가 있다.
그 이유를 알면 깜짝 놀라는 사람도 있다.

나는 이런 방식으로 세상에 스스로 인터넷, SNS 관종(관심 종자)를 자처하면서 내가 공표한 일들이 남들 보기에 창피해서라도 안 하고는 못 견디도록 나름의 안전장치를 하고 살고 있다.

흐지부지
흐물흐물
하나 마나
어영부영
하는 둥 마는 둥

이런 단어와 연결된 삶은 스스로 생각하고, 듣기만 해도 얼마나 짜증이 나는가?

문제는 모든 사람은, 딱! 한 번 살고, 길어도 딱! 99년 정도 산다는 것이다. 그렇기 때문에 미라클 모닝을 장기간 유지하고 사는 삶을 나는 존경한다. 그렇게 해야 한다는 믿고 사는 사람이다. 당연히 4시간만 자라는 뜻은 아니다. 4시에 일어난다 생각하고 역산해서 7시간을 잔다고 생각하면 9시에 자면 된다. 9시가 너무 이르다면 10시에 자고 5시에 일어나도 좋다. 중요한 것은 남들보다 2시간 이상 일찍 일어나서 무엇을 할 것인가?

그 확보된, 남들보다 더 사는 하루의 2시간에 나는 나의 성장을 위해 무엇을 할 것인가?

공부! 좋다.
업무 준비! 좋다.
운동! 좋다.

무엇이든 이 행동의 결과가 당신의 성공으로 이어지면 된다.
성공?
돈?
건강?

자기 성장?

다 맞다고 생각한다.

며칠 하다가 실패해도 다시 하면 된다. 지속하다 며칠 실패해도 다시 오뚝이처럼 다시 하고 이런 퐁당퐁당 성공 실패를 반복하다 보면, 나를 성공하게 할 지원군을 하늘이 보내준다. 그 하늘이 보내준 천사는 내 몸속에 들어와서 다른 이름으로 변한다.

바로 습관이다! 루틴!

오토매틱으로 일어나고, 알람 없이 일어나고 어제 한 걸 오늘도 내일도 죽을 때까지 할 수 있는 정말 든든한 습관이다.

이나모리 가즈오 회장님은 이 습관을 자신의 책에서 '아군' 이라고 표현했다.
'아군'은 전쟁터에서 함께 하고, 빌딩 숲인 이 고독하고 인정머리 없는 세상에서 만나게 되면 안심이 되어서 눈물이 자동으로 줄줄 흐르게 해주는 그런 존재다. 사람이 아니라도 좋다. 사물이라도, 이런 습관이라도….

이런 아군을 많이 만들어라!

나의 생활을 지탱해줄 든든한 아군, 우군…. 습관이 생길 때까지 미라클 모닝을 해보자! 게으른 부자는 못 봤다. 젊은 패기로 세상이 모두 10년 후 자신의 것이 될 것처럼 표현하고 굉장한 의지를 표출하지만 앞서 언급한 든든한 우군을 만들지 못하고 10년 후에도, 20년 후에도 그저 그렇게 사는 사람을 많이 봐왔다.

여기서 우리가 가장 조심해야 할 것은 게으름과 겸손하지 못한 것이다. 흔히 우리가 직장 생활에서도 일찍 오고 인사만 잘해도 기본은 한다고 하는 것과 일맥상통하는 말이다. 별거 아닌 것을 지키지 못해 나락으로 떨어진 많은 사람을 봐왔다.

시간을 보내지 말고,
써라

    자기 사업을 하는데, 천성이 게을러서인지 인간성 완성이 더딘 것인지 천하태평인 사람들이 있다. 젊음이 있으니 오늘 못한 일들은 내일 하면 되는 것이고 영화 제목처럼 내일은 내일이 태양이 뜬다는 이런 마인드의 소유자들이다.

    중요한 것은 생각보다 시간은 빠르고,
내일은 내일의 태양이 안 뜨는 날이 온다.
태어난 순서와 죽는 순서는 다르다.

    시간은 억만금의 가치보다 크다.

    한강에 물이 흘러가듯이 시간을 사용하면 이룬 것 없고 가진 것 없이 노인이 될 것이다. 그나마 금수저 출신이라면 다

행이지만 말이다. 그나마 말이다. 금수저, 다이아몬드 수저도 죽는 건 마찬가지다. 일론 머스크는 세계 최대의 부자임에도 불구하고 집에도 안 가고 일만 한다고 한다. 돈에 환장해서일까? 일론 머스크의 책을 읽어보라! 누구나 부러워할 부를 이룬 사람들이 쓴 책을 읽다 보면 공통점이 있다. 돈과 안 어울리는 이상한 단어가 그 책들에 쓰여 있다.

바로, '꿈'이다.
어떻게 보면 돈과 참 안 어울리는 단어다.

꿈이 있는 사람은 돈이 많아도 일을 놓지 않는다. 늘 시간이 부족하고 출퇴근 시간도 아깝다고 사무실에서 일론 머스크는 잔다고 하고 페이스북, 인스타그램을 소유한 메타의 마크 저커버그(Mark Zuckerberg)는 항상 같은 옷만 입는다. 스티브 잡스도 그랬다. 이유는 간단하다. 옷을 고르는 시간도 아깝다는 것이다. 해외 영화를 보다 보면 코미디의 한 장면에서 주인공이 옷을 입으려고 고르는데 같은 양복만 수십 벌 걸려 있는 장면이 나온다. 코미디라서 그중에서 고르고 있다.

많은 부자는 자신들 외에 다른 사람이 대신할 수 있는 일은 남에게 시키려 하고 돈으로 해결되는 것들을 돈으로 해결하고 '시간'을 확보하려고 애쓴다. 하물며 지금 이 책의 이 줄을 읽고 있는 당신은 금수저인가? 테헤란로에 빌딩을 갖고 있는가?

대부분은 그렇지 못하다.

그래서 시간은 더욱 소중히 사용해야 한다는 생각이다.

만들어 쓰기도 하고, 버려지지 않도록!

사실 시간을 만들 수는 없지만, 만들 수 있다.

버려지는 자투리 시간을 활용하고 미라클 모닝을 하고, 미라클 모닝 때문에 줄어든 잠은 스마트폰으로 릴스를 보거나 그냥 틀어놓고 보는 유튜브나 드라마를 줄이고 필요한 것들만 청취하면서 정해진 시간에 일찍 자면 가능한 일이다. 연구에 연구를 거듭하면서 자신의 돈(=시간)을 모아야 한다.

과거 P그룹 계열사에 근무하면서 외부 독서모임에서 나의 '보스의 보스'라고 할 수 있는 부회장님을 뵌 적이 있다. 독서모임 주요 패널로 초청받아 오셨는데, 독서모임 후 나는 반갑게 인사드리면서 어마어마하게 많은 책을 읽는 비결을 여쭤봤다.

답 : 버려지는 자투리 시간에 한 장이라도 읽으려 노력한다.

기사가 이동해주는 차 안에서, 엘리베이터 기다리거나 타서 이동하면서, 정말 잠깐잠깐 1~2장이라도 읽는다고 하셨다. 나는 그 말씀을 듣고 실천하고 있다. 따라 하고 있다. 정말 효과는 크다. 생각보다 자투리 시간에 읽게 되는 페이지는 수십 장에 달한다. 책 한 권을 읽는 시간이 현격히 줄어든다. 심지어이 부회장님은 책은 어차피 소모품이고 편하게 읽기 위해서 책을 여러 묶음으로 뜯어서 다니신다고 한다. 그런 대기업 총수들도 '시간을 벌기 위해 노력'한다. 그리고 내 경험상 일부러 어떤 것을 하는 것도 좋지만, 하는 김에 같이 해버리는 것도 매우 좋다. 이날 이후에 나는 바로 따라 하기 시작했고, 이전에 내가 책을 읽는 양과는 비교도 안 되게 많이 읽게 되었다. 지금 12월 20일인데, 내가 올 한 해 책과 관련해 어떤 수치를 갖게 되었는지 계산해봐야겠다.

나는 매주 주말에 동아서점이나 문우당 서점에서 책을 사고 역삼역에 미팅을 하러 가면 최인아책방에서 책을 산다. 어디든 내가 간 곳에 서점이 보이면 나는 책을 산다. 그 이유는 서점이 보이면 들어가고 싶고, 서점이든 어디든 나는 들어가면 사야 한다는, 특히 작은 서점이면 꼭 사줘야 한다는 마음이 강하다. 살 책은 무조건 있으니까! 한 주에 2~3권을 사서 집으로 가지고 온다. 한 달이면 10~15권을 산다. 1년이면 150권 정도를 구입한다. 1년에 책값으로 300만 원 정도 쓰는 격이다. 150권 중에서 정독으로 읽는 책은 60권 정도인 것 같다. 그중에서 4~5권은 스승과도 같은 책이 된다. 그런 책은 그 저자의 책을 싹쓸이로 다 산다. 이럴 때는 교보문고를 이용한다. 덕분에 교보문고가 있는 건물에서는 1년 내내 무료주차다. 교보문고의 최고 등급의 고객이다(하하하). 고등학교 졸업 이후, 항상 학교에 다녔는데, 최근 몇 년은 일만 하고 있어서 그 보상으로 학교 등록금만큼 책을 더 사자고 생각한 것 같기도 하다. 학교를 계속 다니다 보면, 재미있는 일이 생긴다. 어디를 가도 동문을 만난다. 모르는 동문도 금방 친해진다.

"아, 반가워요. 저도 세종대 다녔어요!"

"아, 그러세요. 건대 나오셨어요? 저는 그 옆 세종대에서 석박사 했어요."

"아, 저도 방통대 2개 학과 다녔어요! 정말 대단하세요! 우리 학교 졸업하기 진짜 힘든데…(아는 사람들은 다 안다. 우리나라에서 한국방송통신대학교만큼 졸업하기 힘든 학교도 없다. 다녀본 사람은 다 안다. 일반 대학보다 훨씬 힘들다. 이곳은 나와의 싸움에서 이긴 사람만 졸업할 수 있는 학교다)."

도랑 치고 가재 잡기!

일거양득(一擧兩得)!

대면하는 것을
두려워하는 현대인

'텔레포비아(Telephobia, 전화공포증)'!

이런 단어를 들어봤을 것이다.

현대 사회는 손바닥 위에서 전 세계가 소통하고 있는데, 역설적으로 소통력은 점점 떨어지는 경향이 크다. 타인에게 자신의 목소리로 전화라는 것도 아주 힘든 일처럼 느껴지는 사람들이 늘어나고 있다. 아니, 이미 많이 늘어나 있다.

웃긴 이야기 일화를 소개해보겠다.

어떤 중학생이 짜장면 먹고 싶어서 배달 앱을 여는데 그날 배달 앱이 연결이 잘 안 되어서 엄마에게 짜장면 먹고 싶은데 방법이 없다고 전화한 것이다.

엄마 : 싱크대 서랍에 중국집 젓가락에 번호 있으니 전화

걸어서 배달시켜라!
아들 : 엄마! 직접 전화하라고? 어떻게? 나 그냥 안 먹을래
…….

에이, 말도 안 돼! 내가 거짓말을 하는 걸까?
아니다. 정도의 차이가 있을 뿐이다. 카카오톡이나 문자, 인스타그램 DM은 편하게 사용하지만, 전화 못 하는 사람은 정말 많다.

얼마 전 저희 신입 공인중개사가 가망고객을 찾아가려고 전화로 약속을 잡는데 계속 오지 말라고 해서 인근 지역에 나간 김에 인사차 방문을 했다고 한다. 프런트 데스크에 여러 명이 모여 수군수군하는 소리를 듣고 너무 웃었다고 한다.

"어머머, 오지 말라고 했는데…. 진짜 왔어."
"어떻게? 누가 만나?"

사람이 사람을 만나는 것에 두려움이 생긴 세상이다.
코로나 펜데믹 세상을 전 지구가 2~3년 겪으면서 이런 사람들은 더 많아졌다.

세상은 변했고 이런 변화는 너무 낯설고 쓸쓸하다. 하지만

당연하다. 모르는 사람을 만나는 것은 워낙 어려운 일인데 세계적인 코로나 팬데믹을 지나오면서 세상은 사람이 사람을 안 만나도 살 수 있게 어쩌면 그게 당연하게 3년을 연습했다. 그 정도면 습관이 되었다고 해야 맞는 것일지도 모른다.

그런 만남 공포자들 중에 상당수는 무언가 판매를 하려는 판매자에게는 구매자다. 판매자도 시대에 맞게 상품 판매를 해야 하지만 때로는 그런 만남 공포자에게 공포심을 낮춰 주면서 '나=판매자'를 만날 마음을 먹게 만들어야 한다. '공'을 많이 드려 노력은 더 해야겠지만, 그 노력 속에 기회는 여전히 살아 있다고 믿는다.

영업맨의 측면에서는 더욱 만남 상황을 대비한 연습, 한마디의 말을 하더라도 어떻게 시작하고 부담스럽지 않게 만들 다양한 아이스 브레이킹 표현도 연습하는 등, 사람이 사람을 만날 때를 대비한 상황별 스크립트와 연습이 필요한 세상이 되었다는 것이다. '이렇게 이야기하면, 저렇게 답하겠지? 그렇다면 이렇게 물어볼까?' 이런 상황 전, 통화 전 연습을 통해서 공포심이 없는, 부담이 안 가는 만남과 통화도 가능할 것이다.

핸드폰을 들고
막상 통화 못 하는 사람들

　　우리가 영업적인 측면이 아니더라도, 일상에서 모르는 사람을 만나고 통화하는 것을 얼마나 불편하고 힘들어하는지 앞서 이야기 해봤다. 어느 정도 면대면, 통화에 대해 말하기 준비, 만남 준비가 되었다는 가정하에 판매자가 구매자를 찾아 첫 연락을 시도한다고 생각해보자!

　　만남일 수도, 전화 통화일 수도 있다.
　　두근두근

　　너무 힘든 첫 통화, 옆에 동료나 선배가 같이 해주고 서로 한 통씩 해보는 것도 좋다. 하여간 액션! 전화 걸거나, 찾아갔다고 가정해보자! 그리고 그 두근거리는 시도를 마쳤다고 생각해보라!

세상은 그대로다!

심지어 내가 거절이나 거친 대화로 마음이 상했다고 해도, 세상은 그대로다.

내 경험상 욕은 아무리 먹어도 사람이 죽지는 않는다.

기분은 나쁘지만, 나는 그 기분 나쁨도 그러려니 한다.

나에게 화낸 사람을 걱정해준다.

"아이고, 오늘 집에 안 좋은 일이 있나 보네."

그러면서 내가 갈 길을 간다.

영업의 행군을 지속해야 하기 때문이다.

그 두근거림이 1차 종료된 후, 알게 된다.

별것 아니다. 상대방은 나를 잡아먹지 못한다.

릴스라는
함정

릴스(인스타그램 숏폼)에 빠져 보낸 밤 시간이 가져오는 결과는 무엇일까?

그 결과는
루틴 파괴,
일상 규칙성 파괴,
게으름 유발인자 발병.

정말 나쁜 것들이 시작된다.

릴스가 나빠서가 아니라, 필요한 것을 정해진 시간에 하라는 의미다. 릴스를 보면서 2~3시간을 그냥 멍하니 보내본 사람은 안다.

"뭐지? 앗! 새벽 2시?"

그다음 날이 피곤할 것이며, 그 피곤이 일이든 공부든 망친다는 것을 알게 된다. 좋은 습관을 만들어서 일상이 정확하게 돌아가다가도 한 번 흐트러진 순간이 그 좋은 습관을 다 망쳐버린다. 다시 돌이키려면 최소 1~2개월이 걸린다.

1960년대인가? 일본 1위의 자동차 기업 닛산이 1주일 파업한 이유로 2위인 토요타에 1위를 내주고 2024년 지금까지 2위로 머물고 있고 경영 악화가 심하다고 들었다.

나락을 가는 것은 한순간이다.
공든 탑은 무너질 때는 몇 초도 안 걸린다.
공들인 좋은 습관도 마찬가지다.

항상 경계하고 살아야 하는 이유다. 나의 하루 24시간 중 없어도 되는 시간을 골라내서 없애보자! 그 시간에 할 게 없다면, 잠이라도 일찍 자보고 일찍 일어나 운동이든 독서를 해보자! 어제보다 나은 하루가 될 것이라 믿는다.

나이키 정신을 외쳐라!
'JUST DO IT'

처음 영업을 시작하는 초심자, 초보 공인중개사를 가르칠 때가 많다.

속단할 수는 없지만 28년간 수천 명을 가르치다 보면 알게 되는 것이 있다. 처음 영업을 시작하는 이 사람이 영업에서 성공할 것인지 실패할 것인지 약간은 보인다. 당연히 나는 무속인도 아니고 관심법 능력이 있는 것도 아니다. 어느 업종이나 마찬가지지만 어떤 일이나 과정을 가르치는 코치나 선생의 입장에서는 어느 정도 수준까지는 꼭 해야만 한다고 생각하는 기본기라는 것이 있다.

대학생 시절에 중학생 과외수업을 한 적이 있다. 반에서 하위권이었던 학생은 기초적인 공부 기초도 되어 있지 않았다. 서점에서 초등학교 6학년 전과를 사 와서 읽고 풀게 했다. 영어는 학교 진도를 나가는 것보다는 단어 위주로 강력한 주입식 암기를 강제로 시켰다. 내 기억에 외우게 한 숙제를 못 해 오면 야단을 아주 심하게 쳤다.

과외를 시작하면 문을 잠그고 시작했다. 가혹하게 과제를 내주고 강제로 공부를 어마하게 시켰다. 내가 해준 것은 별로 없다. 내 기억에 매일 갔던 기억이다. 과외 시간이 시작하면 그날의 학교 시간표대로 교과서와 필기 노트를 꺼내게 하고 읽든 쓰든 복습을 시켰다. 영어, 수학의 경우는 문제집을 여러 개 사서 그날 배운 진도에 맞춰 다 풀게 했다. 공부는 제자가 했고 나는 그걸 강제로 하게 했다. 심한 욕도 하고 엄청나게 많은 숙제를 내준 기억이 있다.

몇 달 후, 40여 명 밑바닥 성적을 보이던 녀석은 20등 안으로 들어왔다. 성적이 나온 날 제자의 아버님이 기뻐하시던 얼굴이 선하게 기억난다. 나에게 몇 번이고 고맙다고 하셨다.

(요즘 시대에 맞지 않는 과외 법인데, 초등학교 5학년부터 고3 졸업하는 그 해까지 나는 과외와 선행 속에서 살았다. 나를 가르쳤던 그 많은 과외 선생님들의 교습법들이 알게 모르게 나에게 이식된 것 같다. 음. 나는 가혹한 과외 선생님이었다.)

나는 아드님이 묵묵히 숙제하고 실제 공부를 한 것이라며 칭찬해주시라고 말씀드렸다. 동네 부자였던 제자의 아버지는

1달 과외의 몇 배를 구두 사고 옷 사라고 주셨다. 여기서 포인트는 내가 가혹한 트레이너라는 것일까? 아니다. 내가 과외비 많이 받은 것도 아니다.

내 제자가 어떤 이유에서든 시키는 대로 묵묵히 공부해준 것이다. 성적이 급상승한 녀석에게 그 이후에 강제적인 숙제 강요와 욕설은 필요가 없었다. 스스로 자존감이 높아졌기 때문이다.

영업에서는 어떠할까? 영업에서는 이런 과정 이야기를 들으면 콧방귀를 낄 것이다. 영업이라는 것 자체가 중학생이 하는 직업은 보통 아니고 어른들의 영역인 것이 보통인데 사회의 때가 낀 어른들을 납득시키고 무언가를 움직이게 만든다는 것은 쉬운 일이 아니다. 간혹 반골 기질이라도 만날 때면 상대하기도 싫은 게 사실이다.

왜? 나이키 정신을 외치고 이야기하는가?

제발 그냥 달려보라!

운동화를 신었다면, 그냥 뛰어봐라!

어떤 일을 처음 할 때, 기본기가 다져지지 않았을 때는 '초심자로 받아들일 마음'을 갖고 연구하고 공부를 하라는 뜻이다. 구구단 2단을 배우는 날이면, 2단을 완벽히 외워라! 가르치는 선생은 3단에서 9단, 이후에 더 복잡한 곱하기, 나누기, 방정식, 함수, 로그, 미적분 등등 다 가르칠 준비가 되어 있지만, 2단 안 외운 제자에게 9단 못한다고 혼내고 방정식 숙제 내주고…. 이런 경우는 없다. 그러나 제자 중에는 2단을 달달 외우면서 이렇게 이야기하는 경우가 있다.

"수학 별거 아니네. 선생님 더 어려운 건 없나요?"
"선생님. 저는 수학 좀 잘하는 것 같아요. 중학생 교과서 샀는데 이건 어떻게 풀죠?"

의욕과 객기는 다르다.
배우는 것에도 자세가 있다.
잘 배울 자세! 남의 기술을 훔치기 위한 자세!

이런 객기는 선생 입장에서는 그 제자를 상대도 하기 싫어지게 만든다. 물론 학교에서는 선생님이 제자에게 잘 설명을 해주겠지만 사회에서는 그런 후배를 상대해줄 선배는 없다. 그냥 싸가지가 없는 사람으로 등극하는 것이다.

겸손함은 비굴함이 아니다.
기본기가 없는 숙련공은 없다.

기본기를 익히는 과정에서는 이상한⑦ 의욕을 불태우지 말고 기본기를 가르치는 선배의 말에 충실하고 제발 하라는 대로 하기 바란다. 당신의 선배는 결국 후배에게 일을 가르치는 것이지 사무실 청소를 시키는 것이 아니다. 어느 정도 괘도에 오를 때까지의 선배의 길을 따라가라! 청출어람의 단계를 넘어서면, 그때 하고 싶은 대로 하고 본인의 '뇌'도 가동하면 된다. 이 말에 동의할 수 없다면, 아예 1인 기업, 사업을 하기를 권한다.

처음 어떤 일을 배울 때는 '일단 그냥 하자!' 열심히 하자! 초심자를 넘어서면 자신의 색을 내도 좋다.

의심병은
신중함과 다르다

교육장이나 업무 중에 이해하기 힘든 소리를 들으면, "에이, 그게 말이 되어요?", "그런 게 어디 있어요?" 이런 말을 달고 사는 사람이 있다. 무슨 이유에서 그런 질문을 하는 것인지는 모르겠다. 자신이 이해가 안 된다고 말이 안 되는 것이 아니고, 그런 게 어디 있는지 알지도 못하면서 어디 있냐고 물어본다면…. 그건 그 질문을 듣는 선배나 선생으로서는 헛웃음이 나오게 만드는 것이다. 진지하게 배우는 자세 속에서 배우고 있는 과정상의 필요한 질문을 하는 것은 마땅한 배움의 자세다.

"에이~."
이런 표현은 정말 듣기 싫다.
정주영 회장의 표현을 빌리자면, 해보지도 않고 "에이~" 이런 말을 하면 안 된다는 것이다.

무에서 유를 창조한다고 생각하는 '영업맨'의 마음으로 생각한다면, 시작도 안 하고 안 된다고 생각하는 사람은 '닫힌 마음'이다. 무엇이 되었든 이루지 못할 사람이다. 어떤 무형, 유형의 상품을 판매하는 처지고 특히 보험 같은 당장 보이지 않는 무형 같은 상품을 판매하는 영업맨이나 내가 일하는 부동산 업무 역시 서비스, 컨설팅, 미래의 보장을 판매하는 보험 등은 판매가 종결될 때까지 구매자의 많은 반대를 극복해야 한다. 처음 고객을 만나는 순간부터 '안 될 거야?'라던지, '내가 할 수 있을까?' 이런 부정적인 생각이 조금이라도 영업맨의 뇌를 지배한다면 판매는 순조롭게 이루어지지 않을 것이다.

비록 당장 초보 영업사원이 고액의 상품을 고객에게 판매할 수 없을지도 모르지만, 그 두려움이 신중함처럼 포장되고 자기 설득으로 이어져서 고객을 만나는 시도 자체를 안 하거나 미루는 행동을 하지는 말라는 뜻이다. 어차피 고액의 상품은 만나자마자 바로 거래되는 것도 아니고 초심자인 초보 영업맨이 자신의 용기와 영업으로 만난 고객이 스스로 거래를 진행하기에 버거운 존재라고 하더라도 고개를 들고 주변을 둘러보면 당신을 도와줄 선배와 동료가 옆에 많이 있을 것이다. 어차피 주변을 돌아보고 도움을 받으면 못 할 일은 아니라는 뜻이다. 미리 겁을 먹지 말자! 그리고 그 겁먹음 신중함, 심사숙고로 포장하지 말아라!

이나모리 가즈오 회장님의 표현을 빌리자면, 만약 어떤 공인중개사가 부동산 일을 처음 시작하면서 어떤 큰 건물 앞에 서서 '과연 내가 이 건물을 거래할 수 있을까?'라는 고민을 할 수 있다. 그러나 지금 당장 거래할 실력이 없다고 하더라도 가져서는 안 되는 생각인 것이다.

'1년 후 또는 3년 이내, 내가 이 정도의 부동산을 거래할 수 있는 실력자가 되겠다는 다짐' 이런 것이 필요하다. 미래의 나는 할 수 있다. 그런 다짐에 맞는 노력과 영업활동이 그 미래에 정한 기간까지 이어진다면 현실이 될 것이다. 그냥 다짐만 이야기하고 행동하지 않을 사람이 여러분이지만 않으면 된다.

가망고객이 있는 곳을 향해
일단 나가라
: 당신이 영업사원이라면, 10시 후 사무실에 있지 마라!

며칠 전 10여 년 전 우리 회사 사장님이셨던 보스를 만났다. 이런저런 부동산 이야기를 하다가, 사장님께서 "노창희가 요즘도 영업을 계속 열심히 하는구나!" 이렇게 말씀해주셔서, 나도 이런 말씀을 드렸다.

"사장님께서 기억하실지 모르겠지만, 예전에 사무실에서 10시 정도 되면 사장실에서 나오셔서 크게 소리치셨죠! 우렁차게 야, 10시가 넘었는데 사무실에 앉아 있는 사람들은 다 뭐냐고, 영업하러 안 나가냐고 말입니다."

이런 일화는 정말 평생 웃으면서 할 수 있는 이야기다. 이 속에는 영업의 기본적인 성공 공식이 담겨 있다.

사무실 안에는 고객이 없다(내가 자주 하는 말이다).

현장에 답이 있다(일본 영화, 〈춤추는 대수사선〉 대사 중).

시라스미카 GO!(일본 드라마, 〈집을 파는 여자〉 대사 중)

이런 이야기의 공통점은 사무실 밖으로 나가라는 뜻이다(아웃바운드).

직접 나가서 내가 판매하는 상품을 구매할 대상자를 찾으라는 뜻이다.

(당연히 길바닥에서만 영업하라는 뜻은 아니다. 이런 것도 물어보는 사람도 있다.)

〈집을 파는 여자〉는 드라마이고 코미디 같은 내용이지만 부동산 중개를 하는 주인공이 부동산을 거래하기 위한 영업인으로의 노력과 '영업 매뉴얼'이 녹아 있는 명작이다. 드라마 속 주인공은 사무실에서 인터넷 검색하면서 놀고 있는 부하 직원을 불러일으킨다.

주인공 : 시라스미카!

시라스미카 : 예!

주인공 : 오늘 고객 약속은 몇 개야?

시라스미카 : 오늘은 없습니다.

주인공 : 내일은 몇 건의 미팅이 있지?

시라스미카 : 내일도 없습니다.

주인공 : 요즘 어떤 일 하고 있지?

시라스미카 : (주절주절, 변명한다)

주인공은 부하직원의 몸에 회사가 분양 중인 주택의 광고판을 부하직원 몸에 박스 테이프로 감아서 붙이고 전단을 손에 쥐어준다. 이 집을 볼 고객을 찾지 못하면 사무실로 들어오지 말라고 이야기하면서 퇴근할 생각도 하지 말라고 부하직원의 집 열쇠를 뺏어버린다. 그리고 황당해하는 부하직원에게 아주 크게 소리친다.

"시라스미카, 뭐해! GO! 사무실 밖으로 나가!"

이 드라마를 보면서, 이 장면만 수십 번을 돌려봤다. 많이 희화한 이야기지만, 아주 강력한 영업의 진리가 담겨 있다.

며칠 전에도 독서모임 멤버들과 이 드라마 한 편을 보면서 부동산 이야기를 했던 기억이 난다. 볼 때마다 새로운 것이 보이고, 웬만한 부동산 세일즈 교과서보다 이 드라마 한 편이 낫다!

이 일화를 보면서, 인권, 직권 남용, 상사의 갑질…. 이런 단어를 먼저 떠올리는 사람은 절대 절대 영업이나 판매업을 하지 말기 바란다. 부동산 세일즈가 직업인 나조차도 이런 상황이 일반 회사나 관공서 같은 곳에서는 일어나면 안 된다고 생각한다. 영업인의 마인드를 이야기하는 것이다.

영업사원의 근무 시간 vs
영업인의 근무 시간

아침 9시에서 오후 6시 사이는 영업사원의 고객이 일하는 시간이다. 영업인의 근무 시간은 아침 7시부터 저녁 8시여야 한다고 생각한다.

몇 년 전 열심히 하는 신입 중개사 홍○○ 과장이 이런 질문을 해왔다. 사무실 입구에는 늘 그 전달의 1~10등의 우수 실적 중개사의 사진이 등수대로 붙어 있었다.

"부사장님(당시)! 사무실에서 저 1~10등 순위 분들은 거의 보지를 못했는데, 어떻게 저분들은 사무실에 자주 나오지 않는데도 고소득을 낼 수 있나요?"

이 질문을 듣고 나는 장난기가 발동했다.

"홍 과장! 우리 사무실에 귀신 사는 거 알아요?"

"예? 정말요?"

"진짜예요. 홍 과장! 내가 6시 40분에 출근해서 하루를 준비하다 보면, 사무실 복사기가 작동하는 소리가 계속 들리고 스테플러 찍는 소리 같은 딱딱 소리가 계속 들리거든요. 당신이 궁금하다는 1~10등 중개사 대부분은 7시쯤 출근해서 본인들이 그날 만날 고객에 줄 자료, 리포트, 제안서 등을 만들어서 출력해서 9시 전에 고객 만나러 본인들 관리 건물이나 새로운 개척할 건물을 향해서 나가면서 지하 주차장에 주차되어 있는 자신들의 영업차 몰고 나가요. 심지어 포르쉐, BMW, 벤츠를 타고요. 그 사람들이 귀신이에요."

"홍 과장은 몇 시에 출근해요?"

"9시요!"

"퇴근은 몇 시에 해요?"

"6시요!"

"누가 당신 보고 9시에 출근하고 6시에 퇴근하라고 했어요?"

"그게 근무 시간이잖아요!"

"영업하는 사람이 출퇴근 시간이 어디 있어요? 일반 회사원 사고를 버려야 해요! 영업인은 영업을 선택하는 순간 '사업가'가 되는 겁니다. 우리가 일하는 시간은 우리가 선택해서

늘릴 수 있고 일찍 끝내는 날도 나의 의지고 밤을 새우는 것
도 우리 의지로 해야 합니다."

상위 영업인들은 일찍 출근하고 야근도 잦다. 그 이유는 그
들은 '영업 성공의 진리 중 하나'를 알게 된 것이다. 판매 상품
에 따라 차이는 있지만, 영업은 확률 게임이라는 것을 말이다.
9시부터 6시에는 영업인들의 가망고객인 개인과 기업이 일
하는 시간이다. 9시부터 6시까지 최대한 많은 가망고객을 만
나야 판매 성사도 높아지는데, 말로만 고객을 만날 수는 없고
판매 설득을 위한 자료 준비, 제안서 작성 등은 필수다. 견적
도 만들어야 하는 일도 있을 것이다.

언제 자료를 만들고, 제안서를 만들고,
필요한 조사를 할 것인가?
바로!
우리 고객이 근무하는 9시 전의 시간과 6시 이후의 시간이다.

그래서 그것을 철저히 알고 있는 상위 영업인들은 미라클
모닝도 하고 야근도 하고 주말에도 스스로 일하는 것이다. 그
렇다면 언제 쉬냐고? 상위 고액 영업인들은 고객과의 미팅 사
이사이 이동하는 시간에 차에서 음악을 들으면서 쉰다. 커피
를 좋아하면 고객과 만나는 장소를 가보고 싶은 커피숍으로

선택해서 만나고 그 자체를 고객에게도 아이스 브레이킹 화제로 사용한다. 커피 이야기로 분위기를 부드럽게 상품 설명을 가능하게 유도하는 것이다. 주말에는 가벼운 차림으로 주로 영업하는 영업지나 다음 주 만날 고객의 거주지 인근, 나 같은 부동산 중개를 업무로 하는 사람은 그런 주말을 보내기도 한다. 사전조사를 하는 것이지만 내가 보러 간 건물 주변의 핫플레이스도 가보는 주말! 이런 식이다.

일과 놀이에 경계를 둘 필요가 없다.

새로운 일을 시작한 사람의
고통스러운 1년

새로운 도전!

처음으로 무언가를 한다는 것은 얼마나 두근거리는 일인가?

익숙해진다는 것!

숙련도를 높인다는 것은 새로운 일을 시작하는 사람 입장에서는 어떤 의미를 가질까? 사이토 다카시(齊藤孝)는 저서《일류의 조건》에서 어떻게 하면 처음 시작하는 초심자들이 최고의 숙련도를 가질 수 있는지를 설명하고 있다. 결국은 노력이고 몰입이다.

숙련도를 갖기 위해 평생을 바치는 장인들이 많다. 개선하기 위해 계속 개선할 거리를 찾고 적용해본다. 때로는 내 일을 앞서서 훌륭하게 하는 사람에게 가르침을 받거나 안 가르쳐주면 눈대중으로 배워가면서 '훔쳐내는 방법'도 써야 한다.

실제 도둑질 같은 훔친다는 의미가 아니다. 모방을 통해 비슷해지고, 결국 넘어서는 방법을 택하는 경우가 많은데 그런 의미로 이야기하는 것이다.

생각만 해도 숨이 막힌다는 사람도 있을 것이다.
맞다.

나도 나에게 배우는 부동산 초심자들에게 일을 처음 시작할 때, 놀 생각 자체도 하지 말라고 이야기하면, 신입 공인중개사들의 눈빛은 어두워지는 사람도 있다. 겁은 나겠지만, 첫날부터 겁을 먹는 사람은 돈을 벌지 못한다. 나는 단서 조항을 이야기해준다. 단, 6개월 정도를 놀지 말고 일해보라고 말한다.

내가 질문하고 싶다.
6개월을 안 놀고 자는 시간, 밥 먹는 시간 빼고 일만 하면, 평생 내 능력 살 수 있는 기반을 다질 수 있다면….
"여러분은 해보시겠습니까?"

발레리나의 그 예쁜 발레슈즈 속에 숨겨진 구부러지고 못생긴 발가락!
김연아 선수의 연습생 시절 계속 실패하는 영상!

이런 최고가 된 사람들이 초보 시절을 어떻게 보냈는지는 유명하다!

세상에 공짜는 없다. 금수저로 태어나도 마냥 행복한 것도 아니다.

공짜로 재산을 물려주는 부모는 없다. 심지어 가혹한 가족 간의 테스트는 평생 이어진다.

새로운 일을 시작해서 목구멍 끝까지 무언가 막혀서 숨을 못 쉬게 힘들고 답답할 정도까지 당신을 몰아붙여보라! 그 6개월, 1년은 당신 인생을 다르게 만들어놓을 것이다.

망쳐도 좋으니
우선 해보자

망쳐도 좋다. 우선, 해보자!

인생도 마찬가지지만, 영업인들을 위해 쓰는 자기계발서인 이 책에서 내가 하고 싶은 말도 같다.

일단, 목표를 세웠으면, 해보자! 해보는 거다!

까짓것 하다가 잘못되면 다시 하면 된다.

실패하지 않는 방법은 성공할 때까지 하는 거다. 이런 마인드면 과정 중의 실패는 실패가 아니라 그냥 연습, 과장, 시행착오 그런 단어들로 표현될 것이다. 당연히 마냥 성공할 때까지 해보자는 것은 아니다.

미리 겁부터 내지 말라는 의미다.

부정적인 생각도 버리고 말이다.

사람의 정신력은 정말 어마어마하다.

돈을 버는 일에도 이 정신력은 작동한다.

나는 내가 영업사원으로 '정신력'을 세게 유지하기 위해 평생 다양한 방법으로 나를 옭아매고 나를 가혹한 환경 속으로 집어넣고 살려고 노력했다. 어떤 상황에 닥쳤을 때, 새로운 일을 시작할 때, 무언가를 하려고 할 때 두려움이 찾아올 때면 …. 나는 크게 숨을 몰아쉬고 속으로 하는 말이 있다.

(욕인데 감안하고 참고 읽어봐달라)

'18. 까짓거 몰라. 18. 해보자! 죽기야 하겠어?'

세상에 남들 하는 것은 나도 다 할 수 있다고 생각하고 도전하면 된다.

나이키는 'JUST DO IT'
아디다스는 'Try Try Harder'라는
광고 문구를 만들었다.

그렇게 하면 된다. 일단 하고, 고쳐서 해보고, 더 몰아쳐 해보는 거다. 이렇게 나를 몰아붙이는데 어쩔 수 없는 환경까지 만들면 금상첨화다. 그냥 열심히 일해서 돈 많이 벌자는 사고와 이 돈 못 벌면 죽는다는 사고는 아주 다르다. 각오도 다르고 실제 벌리는 돈도 다르다.

잘하려는 마음보다
저지르는 마음

　지인, 친구들이나 내 팀원이나 부하직원, 교육생 등 많은 사람과 접하는 직업의 특성상 여러 사람을 만나다 보면, 이런 이야기를 많이 듣는다. "○○○을 할 거다." 그러기 위해서는 철저한 준비가 필요하기 때문에 상당한 시간을 준비하고 있다. 내 생각에는 상당한 사람들이 준비하다 지쳐서 시작도 못하고 끝내는 경우를 많이 봤다.

　나는 일단 어디까지 행군(목적)을 한다고 생각하면, 일단은 맨바닥이 아니고 밥 먹고 핸드폰도 챙겼으면(예를 든 거다), 그냥 밖으로 걸으러 나가라는 주의다.

　일단, 뛰면서 생각한다는 말이 있다.
　일을 시작하는 것이 중요하다!

뭘 맨날 하겠다고 다짐하고, 유튜브 같은 곳에 올리고 안 하는 사람을 많이 본다.

사람들은 아닌 것 같아도 당신이 공표한 다짐을 다 지켜보고 있다. 공표하는 이유는 공표하는 순간, 남이 알게 되는데 그 창피함을 스스로 받아들이기 위해서, 이에 더해서 그 창피함을 당하지 않으려고 더 애쓰게 되기 때문이다.

이나모리 가즈오 회장님의 표현을 빌리자면 이런 창피함도 나의 '우군'이다. 나를 일으켜 세워주는 우군!

너무 무언가를 완벽히 준비해서 아주 잘해야 한다는 생각을 버리면 좋겠다. 아무리 철저히 준비해도 내가 준비한 것 말고 돌발 변수들이 주변인들이나 주변 환경에 의해서 계속 발생한다. 토요일은 공부하는 날이다. 일요일은 교회 가는 날이다. 스스로 무언가 하려고 생각하고 살아도 변수는 계속 생긴다. 친한 선배가 일요일에 돌아가시기도 하고, 토요일 공부해야 하는데, 10년 만에 친했던 동창이 점심 먹자고 하면 먹으러 나가야 한다. 중요한 것은 돌발 변수들을 같이 처리하면서도 내가 원래 하려던 것들을 어떻게 완급 조절을 하면서 지속하느냐가 중요하다.

나의 사례를 들어보겠다.

평생을 어떤 건물이 신축하고 있거나 공실 예정이거나, 때로는 언제까지 매매해야 하던지…. 이런 일이 내 일과 관련된다면 준비할 것들은 정말 많다. 오래 이 일을 해왔기 때문에 내 머릿속에서는 어떻게 해야겠다는 생각이 들지만, 그 생각을 고객도 100% 공감하는 것은 아니기 때문에 무언가 준비해서 보여주면서 진행해야 하는데 재미있는 것은 고객들은 대부분 참을성이 없다. 못 참기보다는 너무너무 바쁘고 성격이 급한 분들이 많다.

어떤 면에서 그래서 성공한 건물주가 되신 거라는 생각도 한다. 이런 경우 나는 일정표를 제일 먼저 만들어서 보고 드리고, 그 일정표대로 제안서를 만든다. 마케팅 대상(이사 올 임차인, 가망고객)을 뽑아내고 그 리스트를 보여드린다. 실제 해당 가망고객들을 하나씩 만나 우리 건물로 이사하라는 제안을 진행해나간다. 그리고 그 과정을 건물주 고객에게 공유하고 의견을 묻고 때로는 강하게 설득을 한다.

임대인 시장이냐 임차인 시장이냐에 따라 임대인, 임차인은 탄력적으로 상대방에게 협상에서 우위, 열위를 갖게 된다. 현명하게 시장이 돌아가는 것을 보고 고객에게 임대료를 낮추자, 이런 편의를 제공하자고 설득하기도 하고 때로는 반대로 이런 조건을 수용하지 말자고도 한다. 요즘 임차인이 더 많아서 저런 조건까지 수용하면서 오늘 계약하지 말라는 제 안을 하기도 한다. 임차인에게도 이런 설득과 제안을 한다.

책을 쓸 때도 마찬가지다. 이 책도 이런 마인드로 쓰고 있다.

우선 나는 내가 여러 번 책을 냈기 때문에 무엇이 제일 중 요한지 안다. 책을 내기 위해서는 일단은 나중에 바뀌더라도 책의 제목을 정하고 목차를 정한다. 내가 대학원에서 석박사 과정을 다닐 때, 교수님께서 목차만 완성해도 반 이상 완성이 라고 하셨다. 정말 공감되고 맞는 말이다. 책도 목차가 완성되 면 나는 책을 내가 원하는 기간까지 초고를 다 만들 수 있다 는 믿음을 갖는다.

목차가 완성되면 나는 각종 나의 SNS에 목차를 공개한다. 무라카미 하루키(村上春樹)의 책 쓰기 방식대로 목표 페이지가 200페이지인데 내가 20일 만에 쓰겠다는 계획을 세웠다면 하루에 A4 10페이지를 쓴다고 다짐한다.

내 경험상 책을 주말에만 쓰거나 명절 기간에 쓰고 평소에 는 일에 집중하려고 하기 때문에 하루에 10페이지 쓰는 건 쉬운 게 아니라는 결론이 나오지만 일단 시작한다.

결국은 1주일에 70페이지를 써야 한다는 결론인데 주말 토 요일, 일요일이면 아침에 8시부터 저녁 8시까지 스타벅스나 내 개인 서재에서 12시간을 앉아서 써본다.

 초집중으로 12시간을 쓰다 보면 주말에 내가 할 수 있는 한계치를 알게 되고 무리한 행군이라고 생각되면 목표인 20일을 10일, 20일 더 늘려나가면서 때로는 SNS에 목표치를 수정해서 올린다. 때에 따라, 추석 연휴라도 끼면 이런 목표는 달성되기도 하기 때문에 가급적 방해받지 않고 일부러 휴가 내지 않아도 되는 명절을 글쓰기 집중 시간으로 사용한다. 나의 이런 행동도 쉬운 것은 아니다. 이런 강행군 중에 완성이 되기 직전이면 나는 나를 위한 선물로 '1박 2일 도쿄에서의 커피 한 잔!' 이런 사치스러운 '자신에게 주는 상'을 만들어 도쿄에 다녀오기도 한다. 내가 쓴 책들의 마지막 장은 대부분 시부야의 어느 커피숍에서 완성했다. 평생 기억에 남을 무언가를 만들려고 노력하는 일환이다.

 생각보다 세상 사람들은 남에게 관심이 없다. 내가 책 쓰다가 며칠 늦게 출판된다고 항의할 사람도 없다. 나의 약속을 SNS에 올리고 내가 스스로 다짐하고 일단 저지르고 시작하고 중간에 일정이나 내용을 수정할 것이 있으면 수정하면서 진행한다. 남은 나에게 관심이 없어도 나는 나에게 관심이 많아서 내가 이런 일련의 과정을 SNS에 올리고, 유튜브 영상을 찍어 올리는 것은 나를 옭아매는 아주 강한 푸시가 되어준다. 마치 나를 옆에서 강제로 푸시하는 트레이너를 만들어서 달성 못 하면 스스로 창피하게 만드는 방법이다. 의지가 약한 분들은 이런 방법을 사용해보기를 권한다.

사실 큰 영업조직의 신입 교재에는 이런 비슷한 이야기들이 적혀 있다.

목표를 정하고 타인에게 널리 알려라! 창피해서라도 하게 되기 때문이다.

남의 눈치가 아니라…. 내가 한 말을 내가 어기면 스스로가 제일 창피하니까!

정말 힘들지만
그냥 사람 만난다

지금 이 책을 읽고 있는 당신의 지금, 몇 년 전이라도 눈을 감고 현재의 배우자, 애인과 처음 만남을 상상해보라! 떨리는 순간이 많았을 것이다. 데이트를 나가는 날이면 옷이며 머리 스타일 등. 등. 등. 등. 등(일부러 많이 썼다). 그만큼 떨리는 순간이 있었을 것이다. 그런 순간을 생각하고, 고객이 될 수도 있는 사람을 만나러 나가보라!

일하러 나가는 순간, 마음속으로 생각을 해본다.

'오늘은 정말 좋은 사람을 만날 것 같아!'
'오늘 귀인을 만나게 될 거야! 빨리 나가야 만날 수 있어.'

무슨 정신 나간 소리처럼 들릴지도 모른다. 나는 이렇게 하고 있다.

왜! 이런 소리 하는 걸까?

이유는….

나는 내 뇌를 속이는 거다. 다짐하는 거다.

나도 모르는 사람 만나러 나갈 때면 두렵다.

살면서 수도 없이 많은 사이코패스, 소시오패스를 만났다.

그런 사람이 고객이면 진짜 두렵다.

처음에는 아니었는데, 일을 하고 만나면 만날수록 본색을 드러내는 사람들이 있다. 그래서 사람을 만나는 것이 쉬운 것이 아닌 것을 너무나 잘 안다.

어느 기업이나 상품을 만들면 그것들을 팔아야 하는데, 영업은 기업의 꽃이지만 누구나 최대한 하기 싫어하는 부서다. 내가 대기업에 근무할 때, 내 팀을 회사에서는 쓰레기처리장이라도 부른 적도 있다. 내가 그런 소리를 듣고 사내에서 '지랄'한 걸 생각하면 지금도 아찔하다.

사실 영업이 중요하고 항상 영업사원들은 스트레스를 당하는데도 대접을 받지 못한다. 샐러리맨 조직에서는 그렇다. 인센티브 영업조직에서는 그렇지 않다. 비슷한 상품을 팔더라도 누가 파느냐, 판매 후에는 어떤 보상을 받는가에 따라서도 양상은 다르다.

왜! 그렇게 영업직을 기피하려고 하는가?

그 이유의 핵심은 모르는 사람을 계속 만나는 직업이기 때문이다.

사람들이 제일 힘들어하는 일이 모르는 사람을 처음 만나는 것이라고 한다. 그냥 샐러리 베이스 회사원이 영업팀에 발령 나면 청천벽력 같이 느끼는 이유는 이런 이유다. 추운데 나가야 하고, 더운데 나가야 하고, 접대해야 하고, 출근은 빡세고 퇴근은 언제 할지도 모르고, 이런 악조건도 영업하다 보면 매번 생기는 일상이기는 하다. 그래서 사람들은 고소득 영업직이 세상에 많이 존재하지만 아무나 하지 못한다. 서울대 나온 수재라고 '손님' 안 만나는 사람은 결과를 못 만든다.

나는 영업인은 세상에서 가장 성실하고 도전 정신이 있는 사람에게는 최고의 직업이라고 생각한다. 할리우드 영화 중에서는 영업인의 불굴 의지를 보여주는 여러 영화가 있다. 처절하리만큼 고난의 행군을 하는 모습을 영화에서 묘사한다. 영화의 결말은 어떠한가?

다른 삶을 보여준다.

다른 삶, 영업하기 전에는 상상도 못 하던 그런 삶이다.

1번 밖에 못 사는 인생에서 인생 전환을 꿈꾸는 사람들이

로또를 사기도 한다. 로또 1등에 아무리 당첨되어 봤자, 집 하나도 사기 힘들다. 내가 벌어서 내가 사는 집은 다르다. 영업은 그런 소박한 꿈(?)도 빠르게 실현해준다.

큰돈을 벌게 해주는 기회가 있다!

일확천금 그런 거 아니다. 지불할 대가가 있다. 당신의 뼈를 갈아야 한다.

진짜 뼈를 갈아 넣으라는 뜻은 아니다(이런 것으로 욕먹는 거 지겹다).

좋게 표현하자면, 간단히….

'그냥 아주 많이 열심히 멋지게 성실히 일하라는 뜻이다.'

정석으로 배운 방법대로, 업종이 어떤 것이든, 어떤 회사에 다니던지 이 방법이 다르겠는가?

그래서 영업을 선택한 사람에게는 '엄청난 기회'가 공존하는 것이다.

여러분은 선택했다. 내가 위에서 언급한 '두려움' 아직도 갖고 있지만, 나는 오늘도 사무실 밖으로 나간다. 이 글을 쓰고 있는 순간이 12월 20일 금요일 새벽 6시 40분 사무실인데, 나는 이 시간에 글을 많이 쓰는데, 잠시 후 7시 반이면 직원들이 오기 시작하고 이런저런 일들을 처리하고 10시 반이면 나는 영업을 하러 나갈 것이다.

오늘은 외근 나가는 차에서 들국화의 〈그것만이 내 세상〉

을 크게 틀고 따라 부르면서 한강을 건너 테헤란로를 지날 것이다. 그리고 새로운 환경, 새로운 사람에 놓일 상황에 다짐을 할 것이다. 중요한 포인트는 그런 다짐 자체도 일단은 나가서, 나가면서 하라는 것이다. 일단 10시 넘어서 사무실 안에 있지 마라! 당신의 영업은 망한다. 당신이 내근직이 아닌 영업사원이라면 근무지는 밖이라는 것을 명심하자!

여기서, 재미있는 이야기 하나 하겠다.

막상 나가서 모르는 사람을 만나서 본인의 영업을 하는 순간! 당신은 알게 될 것이다. 즐겁고, 아무렇지도 않다는 것을 말이다. 사람은 사람을 잡아먹지 않는다. 같은 사람이다(하하하).

남을 이용해
나를 일으켜 세워라

남을 이용하라! 정확히 표현하면, 게을러진 나의 모습을 내가 본다면, 열심히 하는 사람들을 보면서 '초심'을 살려보라는 의미다. 때에 따라, 고객이 하나도 없는 초심자와 협업해서 자신의 꺼져가는 불씨도 살려보라는 의미다.

이용 = USE?
이런 의미는 아니다.
내가 이용하는 의미는 'Cooperation'이다.

이것은 초심자도 마찬가지다.
선배와의 콜라보레이션, 협업을 통해 더 빠르게 안착할 수 있다. 이런 현상은 어느 회사나 조직에서 모두 해당한다. 특히 영업조직에서는 새로운 사람들이 계속 들어오고 고인 물(영업

실적이 저조하거나 불성실한 사람들)들이 계속 회사를 나간다. 자연스러운 현상이다.

새로운 사람이 합류하면, 기존 선배들은 신입들을 유심히 지켜본다. 누가 나와 큰일을 도모할 수 있는지 본다. 때에 따라, 이용해먹을 후배를 찾기도 한다. 정말 냉혹하게 이용하고 이용당하는 경우도 많다. 다 알고 있는데 스스로 이용당해버리는 사람도 많다. 어떤 이용은 돈은 안 되어도 일은 많이 배우게 되는 케이스도 많기 때문에 결국은 마이너스 효과보다는 플러스 효과를 가져다준다. 그러나 어떻게 시작된 관계일지 몰라도, 결국 사람은 사람을 본다.

진실, 성실을 확인하면 이용관계는 협력과 존중의 관계로 변하기 때문에 너무 짧은 시간에 발생하는 인간관계에서 발생하는 언짢음을 '화'로 바로바로 표출하지는 말기 바란다. 긴 여정을 당신은 시작한 것이다. 몇 년 하다가 말려고 어떤 일을 처음부터 시작하지는 않았을 것이다.

지금 시작한 일이 인생의 마지막 일이라고 생각하고 임하기 바란다.

벽을 만나면 울지 않고, 벽을 넘으려고 할 것이다.

'에이, 나한테는 안 맞는 직업이네' 이렇게 자기 합리화하고, 자기의 포기를 예쁘게 포장해서 그럴싸하게 그만두지 마라!

당신이 아무리 잘 포장해도 지켜보는 사람들 눈에는 병○으로 보일 뿐이다. 자신을 속이지 마라! 나는 내가 어떤 것을 하다가 잘못되면 노력해도 잘 안되면 늘 내가 병○이라고 생각하면서 돌파구를 찾는다. 28년간 하나의 일을 한다는 것은 쉬운 게 아니라고 스스로 생각한다.

남을 잘 이용하고, 잘 이용당하기 바란다.
"제가 뭐라고 했죠? 협력과 콜라보레이션의 이용입니다."

♦

놀 수 없는 환경 속에
나를 밀어넣어라

놀고 싶어도 놀 수가 없는 사람이 있을까?

당신 주변에는 끝없이 일하는 누군가가 한 명쯤은 있을 것이다.

과거 근무하던 회사에서 재미있는 분석을 해본 적이 있다. 당시 회사 영업사원, 중개사분들이 200여 명이 넘어가는 시점이었는데, 2003년 정도로 기억된다. 회사에 근무하고 있는 200명이 누적되기 위해 현재 근무자와 퇴직자들의 이력서를 회사에서 한 번에 모았다. 당시 500명 정도의 이력서를 사내 인사 담당자가 보관 중이었는데, 500명 중 현재 높은 실적을 내는 사람과 실적 저조자, 퇴직자를 구분했다.

입사 후, 가장 짧은 시간에 가장 높은 매출을 내는 루키들을 분석해봤다. 어떤 공통점이 있는지를 연구한 것이다.

당연한 결과로 나왔다. 어렴풋이 그럴 것으로 생각한 결과였는데, 매우 구체적으로 확인했던 기억이다. 결론은 돈이라는 것은 돈이 필요한 사람이 가장 잘 번다는 것이다.

당시 분석 결과 :
- 나이 29~32살 사이, 이공계 전공 남성 기혼자!
- 첫 아이가 1살 전후로 아내는 맞벌이할 수 없는 상황
- 서울이나 경기도에서 방 2~3개짜리 빌라나 아파트 거주 중
- 주거에 융자가 충분히(?) 있고, 전 직장 퇴직 후 모아둔 돈
  으로 반년 정도는 버틸 수 있는 사람!

쉽게 이야기해서 6개월에 승부(쇼부)를 보지 못하면, 죽는다는 각오를 한 사람이었다.

내가 자주 하는 표현이 있다.
나 혼자 영업하면서, 실적이 안 좋으면 "에이 다음 달에 잘 되겠지" 한다.
가장이 혼자 영업하면서 실적이 안 좋을 때, 아이에게 이런 말 할 수 있는 아빠가 있다면 나와보라!
"아가야, 아빠가 영업이 이달에 잘 안 돼서 돈이 부족하니 분유를 물 타서 반만 줄게. 참아!"

듣기만 해도! 화가 나지 않는가?

나는 내 딸 대신 죽을 수도 있다고 생각하는 사람이다.

내가 일 안 해서 가족이 굶는다?

모든 가장은 피가 거꾸로 솟을 것이다.

이렇게 피가 거꾸로 솟을 사람들은 무조건 몇 달 사이에 결과를 낸다.

아무리 금수저 부자라도 자신이 가진 5,000억 원에 만족하지 못하고 1조 원을 가진 사람에 비해 상대적으로 가난하다고 느낀다면 그 누구보다 부지런하고 열심이다. 반면에 집도 절도 없지만 무언가 착각의 안분지족(安分知足)을 하는 사람들을 보면 '절대' 돈을 못 번다. 나는 지금까지 부동산 일을 하면서 28년 전 만난 부자가 지금은 그저 집이나 하나 있고 중고 벤츠나 타는 정도로 몰락한 경우를 많이 보고 있다. 길을 지날 때, "아! 저 건물 ○○○사장 건물이었는데, 아! 저 땅 ○○○회장님 땅이었는데"라는 말을 자주 한다.

대기업도 30년을 못 간다고 했다. 우리가 알던 기업 중에서 지금 사라진 회사는 엄청 많다. 하물며, 부동산 회사가 (하하하) 사라지는 것은 더 심하다. 과거에 몇 번인가 엄청난 고액 과외를 한 적이 있다. 건물주 몇 분이 자신의 자녀가 자신이 물려줄 부동산을 잘 관리할 수 있도록 나에게 과외를 시킨 것이었다. '찐' 부자 중에는 자녀들이 '가문의 재산'을 제대로 관리해서 후대로 넘길 수 있도록 교육에 신경을 많이 쓴다. 때로는 자산관리 회사에 위탁해 관리를 시키는 경우도 있고 신탁을 맡기도 한다. 다양한 옵션으로 자녀들이 재산을 유지는 하되 날려 먹지 못하도록 안전장치를 단다.

하물며 금수저도 아니고 영업사원으로 입사해서 돈을 벌어야 하는데, 돈을 벌어야 하는 강력한 이유도 없이 시작한다?

이런 경우는 백전백패다!

내가 하는 부동산 업의 예를 들어보자면, 영업하겠다는 본인이 '왜 돈을 벌려고 하는지? 돈은 벌어서 어디다 쓸 것인지?'를 정립하지 않고 일을 시작하면 안 된다. 일하다 보면 하루에도 몇 번은 힘듦이 찾아온다. 나약함과 게으름을 날려버릴 가장 큰 무기는 '필요성'이다. '돈에 대한 필요성'이다. 나는 왜 돈을 벌려고 하는가?

27살 때였던가?

내가 분양하던 빌라는 한 채를 팔면, 나는 성과보수로 수수료 2,000만 원을 받는 매매 전속 대행 계약을 하고 팔고 있었다. 기억 속의 나는 이 빌라를 분양하기 위해 별짓을 다했다.

일단은 그 빌라에서 첫 집이 팔릴 때까지 잤다. 보이스카우트 출신의 나에게 땅바닥도 아니고 모델하우스에서의 취침은 호사스럽다. 일단 나는 은행에서 신용대출 2,000만 원을 받았다(은행+카드로 현금 서비스 등). 그 2,000만 원은 대출받은 은행에서 적금통장에 넣고, 그 적금통장은 우리 집 안방(집사람 방)의 장롱 아래로 밀어넣어버렸다. 정말 극단적인 상황에 나는 장롱을 들면 그 돈을 찾아서 막을 수 있겠지만, 장롱을 들기 위해 해야 하는 그 짓거리를 할 바에는 일을 미친 듯이 하는 게 낫겠다고 생각했다.

당시 빌라를 팔 때, 나의 일상을 적어보겠다.

6시 :　　아침 기상+운동복을 입고 영업용 마티즈(경차)를 타고 서초역으로 향함.

6~8시 :　서초역부터 남부터미널역, 교대역 등 근처 역 앞에 빌라 분양 현수막을 건다. 10개 정도 현수막을 설치하면 8시가 넘는다.

8~10시 :　다시 첫 현수막을 단 곳으로 이동해서 다시 철거를 시작한다. 그냥 두면, 충직한 서초구청 용역 아저씨들이 불법 현수막을 다 찢어가기 때문이다. 철거까지 다 하면, 거의 10시가 된다.

모델하우스로 돌아와 씻고 내가 사려고 마음먹고 잠가둔 402호에서 라면도 끓여 먹는다. 1층 분양사무실에서 동네 낡은 빌라에 붙일 전단을 챙겨서 동네 낡은 빌라로 찾아가 우체통에 전단을 넣고 다시 돌아와 '전화'를 시작한다. 오전 내내한다.

"사모님, 안녕하세요! 롯데빌리지 앞 ○○빌라 분양사무실입니다."

이렇게 시작해서 오만 가지 스크립트를 활용해 어떻게든 그 사모님이 외출할 때 나에게 오게 만든다. 그러던 어느 날 어떤 사모님이 302호를 마음에 든다고 보고 가셨다. 선물을 챙겨드리면서 물었다.

"사모님! 이사는 왜 하세요?"
"우리 빌라 재건축하거든요!"

예~! 재 / 건 / 축!
나는 바로 사모님이 사는 빌라에 빌라 분양 전단을 다 뿌렸다. 그리고 그 사모님을 계약하도록 매일 연락했다. 결국 302호는 팔렸다.

내가 장롱을 들 필요가 없어졌다.

나는 302호 입주 예정인 사모님에게 이른 집들이를 제안했다.

"사모님, 중국집 배달 음식값 제가 다 낼 테니, 이사와서 치우기 힘들게 302호에서 다음 달 집들이 하지 마시고요. 같이 사는 빌라 주민들 다 이번 주에 오시게 해서 302호는 빈 상태로 보여주시고 모델하우스에서 집들이하시면 어때요?"

그리고 욕망을 불러일으켰다. 사모님이 아는 분이 사모님 소개로 다른 집을 사시면 분양사무실에서 있는 소파도, 벽걸이 텔레비전도, 양문형 냉장고도 다 드리겠다고 말이다. 한 달 후, 그 빌라에는 딱 한 집만 남았다.

402호만 남았다.

내가 20대를 넘기지 않고, 내가 번 돈으로 산 내 첫 집이다. 그 집에서 첫 아이도 낳았다.

돈은 천한 게 아니다. 숭고한 거라고 생각한다.

내가 부동산 일을 처음 시작할 때, 내 팀장이었던 김 과장은 고객을 대하는 마음가짐을 나에게 알려주었다. 내가 고객 욕을 하고 있었는데, "창희야, 너 그분이 주는 돈으로 생활하고 아기 분윳값도 내는 거야"라고 했다. 이렇게 마음을 바꿔먹으면 고객으로부터 받는 스트레스도 '하나의 과정'이 된다.

집도 사고, 그럭저럭 저금도 늘려가면서 20대에서 30대로 넘어가는 시점에 영업하면서 계약이 잘 안 나오는 초조한 시기가 있었다. 겨울인데 청량리 롯데백화점에 우연히 들렀다가, 아동복 판매장에서 너무 예쁜 점퍼를 봤다. 만지작거리다가 못 샀다. 사실, 나는 내 옷을 그 돈 주고는 절대 안 산다. 하여간 만지작거리다 집으로 돌아오는 차에서 많이 울었다. 지금 이 글을 쓰는데도 눈물이 난다. 통장에 돈이 없어서 운 게 아니다.

나는 100만 원짜리 사는데, 돈이 1억 원이 있어도 못산다. 내가 100만 원짜리 무언가를 사려면, 1억 100만 원이 있어야 사는 성격이다. 그런 상황에서 내가 못 살 상황이면…. 나는 그냥 스스로 그지(거지)라고 생각한다. 배수진 치고 사는 마음이 아니면, 영업은 모멘텀이 무너지고 망한다. 하여간 울고 집에 가서 다음날 또 그다음 날 계약하려고 애썼다. 당연히 그 옷은 사서 딸아이에 입혔다. 웃긴 것은 그 옷을 둘째 딸에게도 물려서 입혔고, 겨울만 되면 나는 수시로 그 옷을 입고 있는 딸아이들을 보면서 마음이 단단해졌다. 그 딸아이는 내년이면 대학교 4학년이 된다. 그리고 나는 아직 내 옷장에 그 옷을 가지고 있다. 오늘 아침에도 보고 나왔다.

차를 살 때, 나는 어떨까?
30대 후반 이후로는 내 돈으로 내 차를 산 적은 없는 것 같다. 회사에서 준 차를 타고 다녔다. 과거 내가 내 영업차를 살 때, 나는 차 살 돈이 있어도 무조건 할부로 샀다. 현대캐피탈의 할부! 당시 10% 찻값을 내고 나머지는 18개월 동안 이자만 내다가 18개월 차에 찻값의 90%를 일시납 하는 조건이다. 그렇게 차를 사고는 조그만 스티커에 이렇게 써서 차 게시판에 붙이고 다녔다.

'자동차 할부금 납부일 2002년 5월, 납부금 2,900만 원'
차는 하루에도 몇 번을 타는데, 탈 때마다 외친다!
"18! 이 차 내 것 아니다!"

내가 게을러져도 이런 강박 같은 안전책(?)들이 나를 일으켜주는 '우군'이 되어주었다. 이런 강박증 자체 생성 스토리는 진짜 많다. 책을 쓸 정도로 말이다. 이런 면에서는 나는 스스로 정신병자가 맞다. 정도의 차이는 있지만, 안 벌면 안 되는 이유를 각자 만들어보기 바란다. 힘들면 대신 들들 볶아줄 코치를 찾아 그 회사로 입사를 해라!
찾아보면, 그런 코치들은 많다.

막상 해보고 나면,
별거 아닌 것들

이 책 제목은 '왜 망설이는가?'다.

'심사숙고(深思熟考)'라는 말과 망설임을 착각하지 마라!

뭐, 대단한 일을 하는 것이 아니다.

무언가 해야 할 일을 안 하고, 출근해서 점심시간이 되고, 오후가 되면 무언가 찜찜하고, 무슨 무한 반복 다람쥐 쳇바퀴 돌듯이 되어버린다. 내 주변에도 열심히 일하고 일찍 출근하는데 결과는 잘 안 나오는 사람들이 많다. 지켜보면 너무나 안타깝다. 어떤 일의 완성(계약)이 되려면, 그 단계에 도달할 때까지 거쳐야 하는 단계가 있다. 그 단계를 건너뛰어도 결과가 나오는 경우도 있지만, 보통은 그 단계를 빠르게 지나는 것이지 아예 생략하고는 결과가 나오지를 않는다.

내가 신입 공인중개사를 신입 교육의 일환으로 영업지역에서 파밍(Farming)을 가르치다 보면, 이런 단계들을 뛰어넘지 못하는 사람들이 많다. 사실은 별 것 아닌 일인데 해내지를 못한다. 이 망설임이 가장 큰 이유라고 생각한다. 영업지역을 정하고, 상품(부동산, 자동차, 보험, 자산관리, 책, 정수기, 녹즙, 분양하는 오피스텔, 분양 상가, 지방 토지, 해외 이민 프로그램, 해외 어학연수, 내셔널지오그래픽 잡지 등 어떤 것이든 판매하는 상품은 무궁무진하다) 영업 대상(구매 가능한 가망 고객)을 정했으면, 물건과 구매 가능자를 연결하는 단계인 매칭의 단계에 들어가야 한다.

보통 이 단계까지는 조사(리서치) 단계 수준으로 내가 성실하고 노력하면 얼마든지 잘해내는 사람이 많다. 여기까지는 사람과 사람 사이에서 부대끼는 일은 드물어서일지도 모른다. 가망고객에게 구매의 장점을 설명하고 구매 계약을 유도하는 과정에서는 사람을 대하는 부분에서 어려움을 느끼는 사람이 많은 것이다.

'내 제안을 저 사람이 어떻게 받아들일까?'
아직 생기지도 않은 걱정이 앞을 가로막는다.

이런 걱정이 잦아지면, 매사에 사람 앞에서 망설이게 된다. 이런 경우에는 웬만해서는 자력으로 망설임을 깨지 못하기도 한다. 이런 경우는 같은 어려움을 겪었던 선후배 동료의 도움으로 같이 고객(사람)을 만나면 효과적이다. 막상 만나 이야기를 하다 보면 아무것도 아니기 때문이다. 우리나라 사람들은 쑥스러움이 많은 것인지 이유는 모르겠지만, 서양인들에 비해 차가워 보일 만큼 처음 보는 타인과 첫 마디를 떼는 것을 잘하지 못한다. 서양 사람들은 엘리베이터만 타더라도 눈인사하고 그 짧은 시간에도 몇 마디를 나눈다. 일명, 스몰 토킹(Small Talking)을 잘한다.

영업조직에서 코칭을 하다 보면, 코칭 내용 중에는 전화하는 방법, 고객을 만났을 때를 가정해서 '상황별 스크립트'를 만들게 되고 코치는 영업하는 사람들 사이에 롤플레이를 통해서 초심자(신입 공인중개사, 영업인)가 자기 일을 시작하면서 만나게 되는 새로운 사람과의 만남에서 어색하지 않게 만들어준다.

사실은 이런 연습을 한다고 해도, 혼자 모르는 사람(가망고객이라 할지라도, 심지어 기존 회사의 고객이나 인바운드로 나에게 먼저 연락해온 사람이라고 할지라도 첫 만남은 어색하고 힘들다)을 처음 만나는 것은 당연히 힘들다.

회사 차원에서 이런 어색함이 망설임 병(?)으로 이어지지 않도록 선배+신입 간의 파트너십을 만들어주는 경우도 많지만, 회사에 따라서는 개별 영업을 해야만 하기도 한다. 쉽지 않다는 뜻이다. 이 글을 읽는 분 중에서 신입, 초심자가 아니라 경력자나 회사 대표라면, 별도의 망설임을 박살내줄 프로그램을 만들어 활용해보기를 권한다. 내 첫 직장에서 불특정 다수의 사람을 가망고객화하는 마케팅의 일환으로 콜드 콜을 전 사원이 모여서 했었다. 정해진 시간에 모두 각자의 가망고객 명단을 책상에 올려놓고 같은 시간대에 전화를 돌렸다.

말 그대로 콜드 콜이기 때문에 목적은 '약속 잡기'다 전화로 상품 판매를 하는 것은 쉬운 일이 아니고 판매하는 상품이 고가인 경우에는 거의 힘든 일이다. 잘못 말을 꺼내면 '거절'을 매몰차게 당하게 된다. 당시 내가 다녔던 회사는 매주 화요일 오후에 다과회 같은 느낌으로 '동시에 콜드 콜'하는 행사를 했었다. 혼자 전화 거는 쑥스러움도 없애주고 '망설임'이 가장 큰 모르는 사람을 처음 대하는 순간을 무슨 행사에 묻어가는 게임과도 같이 해버리는 것이다.

막상 하면 아무것도 아닌 것을, 진짜 아무것도 아니게 만들어버리는 것이다. 실제 30분 정도 시간을 한정 지어서 10~30통의 콜드 콜을 하고 나면, 집계한다. 누가 가장 약속을 많이 잡았는지, 당시 미국 본사 매뉴얼에는 1등을 포상하라고 했다. 과하지 않게 영화티켓이나 도서상품권 같은 재미있는 요소다. 100여 명이 이런 전화를 동시에 한다는 의미는 크다. 100명이 20통씩 한다고 계산해보면, 회사는 30분 동안, 2,000통의 콜드 콜을 하는 것이다. 계약도 이 중에서 10건은 나오게 될 것이다. 약속은 당연히 2,000통이면 200건 정도 잡힐 것이다. 상품 판매가 목적이 아니라 약속 잡는 것이 목적인 상태로 스크립트를 만들고 콜드 콜을 하기 때문에 부담 없는 방문 약속을 10% 정도는 만들어내는 것이다.

안 했으면, 나오지 않을 약속과 계약이다.
계약은 '돈'이다.
누구의 돈일까?
회사도 벌고, 직접 영업하는 영업사원도 번다.

◆

싫은 것들을
함께 해서 좋은 점

앞서 망설이게 되는 것이 업무 중에 생기면, 적절히 선후배와 함께하라고 언급했다. 2인 1조로 마케팅을 하는 것도 어떤 경우에는 필요하다. 업무의 규모가 커지는 경우도 해당하고, 위험한 일이거나 '머리+몸'이 세트로 필요한 업무에는 더욱 그렇다.

열심히 일했지만, 지금은 게을러진 똑똑한 게으름뱅이와 열정이 넘치지만, 아는 것이 별로 없는 신입, 초심자의 콜라보레이션은 생각보다 큰 성과를 만들어내기도 한다.

게을러진 선배는 열정을 다시 살릴 수 있고, 신입은 선배의 노하우를 직접 전수하게 된다. 이렇게 세트로 몇 건의 업무를 성사시키면, 같이 팀을 이루기도 각자 살아나서 상생하게 된

다. 나는 과거에 이런 세트를 내가 많이 만들어주었던 기억이
다. 지금도 마찬가지다.

✦

지금부터 외쳐보라!
"자신의 이름 + GO!"

책의 마지막에 거의 도달했다.
어떻게 해야 할지를 알았을 것이라고 생각한다.

자신의 이름을 크게 외쳐보자!
크게 외치면서, 사무실 밖으로 나가자!
아직! 준비할 시간이 더 필요한가?
뛰면서 생각하고 다시 이야기할 필요가 있을까?

일단, 시작하자!

부딪히면서 생기는 일들을 일로써 하나씩 풀어나가자!
겁을 내지 말자! 어차피, 사람이 하는 일이다. 나만 모르는
사람 만나는 것을 두려워하는 것이 아니다. 우리가 만나려는

가망고객, 낯선 사람들도 당신을 처음 만난다면, 두려울 것이다. 두렵다고 하기보다는 서로 어색한 것이다. 만나서 이야기하고 내가 앞서 이야기한 마음가짐으로 당신이 무장한다면 당신은 해낼 수 있다. 우리 주변에 성공한 사람들을 보라. 다그냥 사람이다. 성공한 사람 중 인터뷰를 해보면, 성공 비결은 의외로 간단하다.

그냥 열심히 했다고 말한다.

외쳐보자.
"자신의 이름 + GO!"
행동하자!

에필
로그

첫 페이지 머리말에서 시작해서, 마지막 페이지까지 당신은 다 읽었다.

당신의 마음속에 이 책이 어떤 울림이나 파장을 주었을 것이라 믿는다.

그 정도는 사람마다 다를 것이다. 영업하면서 많은 사람을 만나면서 살고 있다. 내 직업은 온종일 부자들을 만나는 것이다. 큰 부를 이룬 사람들을 만나서 이야기를 매일 듣는 직업은 힘들 때도 있지만 장점은 어떤 책에서도 받을 수 없는 엄청난 인사이트도 많이 받는다는 것이다.

그냥 성공한 사람은 없다.

비범하다. 남다르다. 유별나다 싶을 정도로 치밀하고 꼼꼼한 사람들을 만나 부동산 상담을 하고 헤어질 때면, 하루하루가 반성의 연속이다. 더 공부해야 한다는 생각을 자주 한다. 이 넓은 세상에 나 자신을 스스로 완전하게 만들어야 하겠다는 마음은 굴뚝 같지만 배울 것이 너무나도 많다.

제갈공명은 이런 이야기를 했다. '살아생전에 최선을 다하고 살다, 죽어서야 비로소 쉰다.' 정말 숨이 막히는 이야기다. 그만큼 열심히 살려고 마음먹으면 그 끝도 없다는 뜻이다.

사람의 인생은 유한하다.

나는 금수저, 흙수저 같은 이야기도 듣기 싫고, 거창하게 떠벌리고는 실패하거나 포기하고는 예쁘게 거짓 명분을 만들어서 포장하며, 카톡방에서 '조용히 나가기' 하는 것처럼 소리 없이 인생의 목표를 포기하는 것도 싫다. 그런 사람도 싫다. 죽는 날까지 완성도를 높여가면서 살고 싶다가 맞는 표현 같다. 어차피 완성이라는 것은 죽는 날까지 오지 않는 숙제다. 당신도 알고 나도 아는 훌륭한 위인들이 지금 살아 있는지 생각해보라! 누구나 죽는다! 진시황은 평생을 불로초를 찾아다녔으나 결국은 그 불로초는 자식이라고 이야기했다. 자식을 통해 영생을 산다고 말이다. 내가 이 말을 하는 의미는! 이 유한한 인생에서 자식, 후손, 후배들 보기에 부끄럽지 않게 살자는 의미다.

거창할 것도 없다. 그냥 오늘을 잘 살자! 오늘이 365번이면 1년을 잘 살아내는 거니까! 결국, 진리는 뻔한 거니까!

노창희

왜 망설이는가?

제1판 1쇄 2025년 2월 25일

지은이 노창희
펴낸이 한성주
펴낸곳 ㈜두드림미디어
책임편집 이향선
디자인 김진나(nah1052@naver.com)

㈜두드림미디어

등 록 2015년 3월 25일(제2022-000009호)
주 소 서울시 강서구 공항대로 219, 620호, 621호
전 화 02)333-3577
팩 스 02)6455-3477
이메일 dodreamedia@naver.com(원고 투고 및 출판 관련 문의)
카 페 https://cafe.naver.com/dodreamedia

ISBN 979-11-94223-52-8 (03320)